Eugen Szatmari (1892–1952)

Geboren am 23. Januar 1892 in Budapest, war ein in deutscher und ungarischer Sprache schreibender Journalist, Übersetzer sowie Buch- und Drehbuchautor. Er schrieb in den frühen 1920er-Jahren Deutschland-Reportagen für das deutschsprachige *Prager Tagblatt* in Böhmen und arbeitete auch als Redakteur für das *Berliner Tageblatt*. Für den Piper Verlag verfasste er 1927 den Auftaktband der 16-bändigen Reihe *Was nicht im »Baedeker« steht* für Berlin, wo er von 1925 bis 1933 lebte. Auch für mehrere Drehbücher deutscher und ungarischer Spielfilme zeichnete er allein oder im Autorenkollektiv verantwortlich. 1934 kehrte er nach Ungarn zurück.

Nach 1945 journalistische Tätigkeit für die *Basler Nachrichten* und die *Hearst Newspapers*. 1950 wurde Szatmari aus politischen Gründen verhaftet, er starb 1952 im Gefängnis.

Der beliebteste Reiseführer
der 1920er Jahre

Berlin

VON EUGEN SZATMARI

Mit Originalzeichnungen von
Rudolf Großmann, Erich Godal,
Dolbin, Derso, Conny, Adalbert
Sipos und Heinrich Zille

Mit einem Nachwort von
Magnus Klaue

MILENA

INHALT

ANKUNFT IN BERLIN

Erster Eindruck auf dem Bahnhof. –
Berlin lockt zu jeder Saison.

Der Reisende, der in einer fremden Stadt eintrifft, erhält seinen ersten Eindruck auf dem Bahnhof, und mag dieser Eindruck auch noch so falsch, noch so verzeichnet sein – er ist eben der erste und nicht zu unterschätzen. Der erste Berliner, den der Fremde sieht, ist der Gepäckträger, die erste Berliner Einrichtung der Schutzmann, der die Automarken verteilt. Und er wird seinen ersten Eindruck von diesem Gepäckträger herleiten, von diesem Schutzmann, von den vielen Tafeln mit strengen Inschriften, die er auf dem Bahnhof sieht und auch von dem Auto, das ihn in sein Hotel bringen soll.

Erster Eindruck

Der Gepäckträger ist nun ein braver, freundlicher Mann, dem man auch den Gepäckschein gibt, damit er das große Gepäck auslöst. Will man etwas auf dem Bahnhof hinterlassen, so führt der Gepäckträger zur Aufbewahrungsstelle. Die Tafeln mit den strengen Inschriften werden wohl manchem Fremden auffallen, und er wird sich denken, wie der brave Henri Béraud, dass hier alles verboten sei, aber man möge doch nur zwei Minuten lang überlegen, und wird dann wohl einsehen, dass diese Tafeln sehr nützlich sind, denn auf einem Berliner Bahnhof wird sich selbst der unerfahrenste Fremde viel leichter zurechtfinden, als zum Beispiel auf dem Gare de Lyon, wo man stundenlang suchen muss, bis man den Gepäckschalter findet.

Trääääger!

In dem Schupomann, der unten steht, die Automarken verteilt und dem Fremden die erste Bekanntschaft mit der oft genannten Berliner Polizei vermittelt, wird der Fremde einen höflichen und freundlichen Beamten finden, der ihm sehr gern eine Auskunft geben wird, und wenn er es nicht tun kann, so wird er den Fremden an das Auskunftsbüro des betreffenden Bahnhofs weisen, wo jede Auskunft erhältlich ist.

Die ersten zwei Berliner, die der Fremde kennenlernt

Altertümliche Gefährte

Anders verhält es sich schon mit den Autos. Die Autos, die an den Berliner Bahnhöfen stehen, sind ein Missgriff der Verkehrspolizei. Denn eben infolge des Nummernsystems, das den Reisenden zwingt, jenes Auto zu nehmen, das ihm der Schupomann zugewiesen hat, sammeln sich an den Berliner Bahnhöfen Tag für Tag alle jene altertümlichen und altehrwürdigen Gefährte, die sonst niemals eine Fuhre bekommen würden und eigentlich ins Museum oder auf den Alteisenhaufen gehören. Es ist freilich ein Unsinn, dass der Fremde, der in Berlin ankommt, gezwungen wird, sich in eine Klappermühle zu setzen, die offenbar aus den Kinderjahren des Automobils stammt, aber die hohe Verkehrspolizei hat sich bisher noch nicht überreden lassen, diesen Museumskarren die Umgebung der Berliner Fernbahnhöfe zu verbieten, und so ist es meine Pflicht, dem Fremden zuzurufen, dass die Berliner Bahnhofsautos nicht die besten, sondern die allerältesten Autodroschken der Stadt sind.

Ein zweiter Nachteil dieser Methode ist der, dass man das zugeteilte Auto nicht rasch genug finden kann. Die Reihenfolge, in der die Nummern ausgegeben werden, stimmt nämlich durchaus nicht mit dem Standplatz des Autos überein, sodass man leicht die ganze Reihe von Wagen ablaufen muss, bis man das zugeteilte Fahrzeug findet. Durch diese unverständliche Art der Regelung ist also die Abfahrt vom Bahnhof für den Fremden erschwert.

Wirbelndes Chaos

Mit Ausnahme des Bahnhofs Charlottenburg, des Schlesischen Bahnhofs und vielleicht auch noch des Lehrter Bahnhofes stehen die Berliner Bahnhöfe mitten in der Stadt und ihre Treppen führen mitten in das wirbelnde Chaos des Berliner Verkehrs hinein. Wer am Bahnhof Friedrichstraße ankommt, den setzt der Zug gleich inmitten des heftigsten Verkehrsorkans ab und selbst, wenn er die allerehrwürdigste Autodroschke aufgefischt haben sollte, wird er sogleich ein Bild von dem mörderischen Spektakel bekommen, mit dem Berlin sein Arbeitsjoch zieht – um seine Ohren werden die Schreie der Autohupen gellen, die roten und grünen Lichter der Verkehrssignale in seine Augen blinken.

Aufenthaltsbewilligung

Mit der Polizei wird der Fremde sonst nicht allzu oft in Berührung kommen. Eine Anmeldepflicht besteht, aber die Anmeldung wird durch die Hotels automatisch besorgt. Wer privat absteigt, muss sich anmelden und die Anmeldung abstempeln lassen. Läuft sein Sichtvermerk ab, oder bleibt er so lange, dass er einer Aufenthaltsbewilligung bedarf, so muss er allerdings persönlich zum Revier und von dort auf das Polizeipräsidium gehen, aber diese Prozeduren werden jetzt ziemlich schnell und reibungslos abgewickelt. Die *Schlangen*, die früher so gefürchtet waren, gehören der Vergangenheit an – das Fremdenbüro des Polizeipräsidiums arbeitet schnell und höflich.

Rundfahrten für Fremde, die sich Berlin kurz und schmerzlos ansehen wollen, gibt es mehrere. Der Hotelportier gibt darüber Auskunft. Dann besteigt der Wissbegierige einen Riesenautobus, fährt hübsch rund um die Stadt und wird durch einen Cicerone über die Sehenswürdigkeiten aufgeklärt.

Die beste Zeit für Berlin

Wann soll man nach Berlin kommen? Zu welcher Zeit, wenn man in der Reichshauptstadt nicht gerade geschäftlich zu tun hat, sondern zu seinem Vergnügen reist? Vor dem Kriege hatte Berlin, wie auch die anderen großen Fremdenstädte Europas, in den Sommermonaten von Mai bis September den stärksten Besuch. Die besten Monate waren die internationalen Reisemonate, Juli und August. Nach dem Kriege hat sich das Bild geändert: Die Monate mit dem stärksten Fremdenverkehr sind jetzt März, Oktober und November, wogegen Mai und Juni, aber auch noch der Juli den schwächsten Besuch aufweisen. Diese Erscheinung hat ihren Grund vielleicht darin, dass Berlin keine »Saison« hat. In den Wintermonaten lockt das heiß pulsierende künstlerische Leben Berlins viele Fremden an: Ist doch Berlin die größte Theaterstadt Europas und vielleicht die größte Musikstadt der Welt – von April bis September glaubt aber der Fremde, dass ihm Berlin im Gegensatz zu Paris und Baden-Baden, zu Rom und London, wo Mai und

Juni ausgesprochene Saisonzeiten sind, nichts zu bieten vermag.

Das ist zum Teil vielleicht richtig, aber nur zum Teil. Die Opernhäuser sind zwar geschlossen, doch lediglich im Juli und August, ebenso die Konzertsäle, und die großen Jahresausstellungen finden zwar auch nicht im Sommer statt, aber trotzdem kann Berlin auch in dieser Zeit vieles bieten. Es hat seine Rennplätze, sein prachtvolles Stadion, seine großen Ausstellungen. Auf der Avus werden die größten Autorennen im Sommer ausgetragen, Tennisturniere locken nach dem Grunewald, Motorbootrennen nach dem Wannsee, die große Regatta nach Grünau. Und noch eines: Berlin hat eine der reizendsten Umgebungen unter allen Großstädten Europas.

Im Sommer

Zudem will das Berliner Fremdenverkehrsamt, geleitet von dem ewig lächelnden, stets freundlichen und eminent tüchtigen Direktor Schick und von dem vor Vitalität übersprudelnden, ideenreichen Karl Vetter, der wie gar so viele tüchtige Leute aus der Zeitungsbranche kommt, nun im Sommer besondere Anstrengungen machen: Operngastspiele sollen veranstaltet werden mit berühmten Kräften, Theateraufführungen allerersten Ranges, auf dem riesigen Messegelände sollen besonders interessante Ausstellungen stattfinden, im Stadion werden sich große Sportfeste abspielen. Man will in Berlin eine Saison schaffen, die die Lücke ausfüllen soll, umso mehr, als die Berliner Fremdenindustrie immer wieder die Klage erhebt, dass die meisten Fremden, die in den Sommermonaten nach Berlin kommen, nur recht kurze Zeit bleiben. Trotzdem – die Statistik beweist, dass Berlin eine Fremdenstadt erster Ordnung ist. Im vergangenen Jahre kamen 1.600.000 Fremde nach Berlin, darunter 30.000 Amerikaner. Und die vielen Gäste aus dem Dollarland wären gewiss nicht gekommen, wenn ihnen Berlin nichts zu bieten hätte.

Abreise

Wer Sorgen wegen seiner Abreise hat und sich nicht vom Hotelportier die für die Abreise notwendigen Billetts besorgen lässt, findet Unter den Linden ein halbes Dutzend Reisebüros, wendet sich aber, wenn er nach einer anderen deutschen Stadt oder nach dem näher gelegenen Ausland weiterreisen will, zweckmäßiger an das amtliche Reisebüro im Gebäude des Potsdamer Bahnhofs, wo er Fahrkarten und Schlafwagenplätze zu den offiziellen Preisen, ohne Aufschlag erhalten kann. Wer internationale Verbindungen, insbesondere die Expresszüge oder Schlafwagen der Waggon-Lits benutzen will, der wendet sich an die Berliner Agentur der Internationalen Schlafwagengesellschaft Unter den Linden. Über Fluglinien und Flugverkehr überhaupt gibt die Deutsche Lufthansa Auskunft, deren

Fliegen

Reisebüro sich gleichfalls Unter den Linden befindet, wo auch die Vertretungen des Norddeutschen Lloyd und der Hamburg-Amerika-Linie zu finden sind. Für den Fremden, der größeres Gepäck hat und nicht in einem Hotel wohnt, ist auch der Gepäckzustelldienst der Bahnhöfe zu empfehlen. Das Gepäck wird in der Wohnung abgeholt und man erhält es am Bahnhof gegen eine geringe Gebühr ausgefolgt.

Auch bei der Ankunft kann man das Gepäck an den Schaltern des Zustelldienstes abgeben. Allerdings erhält man das Gepäck erst einen Tag später zugestellt. Sobald man das Gepäck vom Träger übernommen und im Coupé verstaut hat, gehe man womöglich nicht mehr aus dem Waggonabteil heraus und behalte Gepäck und abgelegte Kleidungsstücke ständig im Auge. Die Berliner Bahnhofsdiebe sind sehr flink und in den Abteilen der Züge, die auf die Abfahrt warten, werden sehr viele

Gepäckdiebstähle verübt. Die Bahnhofspolizei ist zu schwach und nicht imstande, diese Diebstähle ganz abzustellen. Es bleibt daher nur der Selbstschutz des Reisenden übrig.

TIPPS FÜR DEN AUTOMOBILISTEN

Strenge Verkehrsvorschriften –
Brennpunkt Alexanderplatz – Hotelgaragen.

Heutzutage, wo das Auto sich immer mehr zu einem vollwertigen Verkehrsmittel entwickelt hat, das nicht nur zum innerstädtischen Verkehr, sondern auch zu langen Touren geeignet ist, wird es gewiss viele Leute geben, die nicht mit der Eisenbahn in der Reichshauptstadt eintreffen, sondern als Touristen mit dem Auto kommen, sei es, dass sie einen Chauffeur besitzen, sei es, dass sie den Wagen selbst lenken. Da Berlin sehr strenge Verkehrsvorschriften hat, die sich angesichts des geradezu unheimlich anwachsenden Verkehrs als unbedingt notwendig erwiesen haben, so erscheint es nötig, den Automobilisten mit einigen Tipps zu unterstützen.

Strenge Vorschriften

Das Hineinfahren in eine Stadt ist immer leichter als das Hinausfahren, denn jede Chaussee mündet schließlich irgendwie in die Stadt, die als eine Art Riesenmagnet alle Wege einfängt. Immerhin will ich an erster Stelle kurz erwähnen, in welche Straßenzüge die großen Oberlandchausseen münden, die den Autofahrer nach Berlin bringen.

Von Hamburg her führt die große Heerstraße an Döberitz vorbei und mündet in den Kaiserdamm, von wo aus durch Bismarckstraße und Charlottenburger Chaussee ein gerader Weg zum Herzen Berlins, zu der Straße Unter den Linden, führt. Von Warnemünde und also von Kopenhagen kommend, gelangt man in die gleiche Chaussee, während der Weg aus Swinemünde, über Prenzlau kommend, durch Pankow geht und in die Prenzlauer Allee mündet, von wo aus man zweckmäßig über den Alexanderplatz in die Stadt gelangt.

Alexanderplatz

Der Alexanderplatz ist überhaupt der große Brennpunkt aller Zufahrtsstraßen, die vom Osten und Norden her nach Berlin führen. Hier mündet die Stettiner Chaussee, die durch Weißensee nach Berlin hineinführt, dann die aus Frankfurt an der Oder und Küstrin kommenden Straßen, die durch Lichtenberg gehen und dann durch die Frankfurter Allee Berlin erreichen. Wer aus Prag, aus Wien oder aus Budapest kommt, der gelangt durch Mariendorf, Tempelhof und durch die Belle-Alliancestraße fahrend zum Halleschen Tor, während man aus Leipzig entweder durch Torgau und Jüterbog fährt, um dann ebenfalls am Halleschen Tor zu landen, oder aber man nimmt den Weg über Bitterfeld, Wittenberg und Potsdam, um dann durch die Avus nach Berlin zu gelangen. Durch Potsdam werden auch jene fahren, die aus der Schweiz oder aus Italien kommen und den Weg über Halle nehmen, wie auch diejenigen Touristen, die durch Magdeburg und Brandenburg aus dem Westen kommen. Potsdam ist das große Sammelbecken der aus dem Westen und Südwesten nach Berlin führenden Wege, und der Automobilist gelangt aus Potsdam durch Wannsee und die Avus schnell und bequem nach Berlin.

Die Garagenfrau

Ein Problem, das für den Automobilisten von größter Bedeutung ist, das aber in Berlin nur sehr unzureichend gelöst wird, ist die Garagenfrage, denn an Garagen, insbesondere an richtigen Großgaragen, die auch für den fremden Autofahrer in Frage kommen könnten, leidet Berlin ausgesprochenen Mangel. Im Zentrum gibt es fast keine Großgaragen, und was da vorhanden ist, ist meistens voll besetzt. Im Westen und Norden kann man schon eher geeignete Garagen finden, aber auch in diesen ist es nicht leicht, seinen Wagen unterzustellen, denn die meisten Garagen sind schon mit Berliner Autos überfüllt. Die Einrichtung der Hotelgaragen ist in Berlin unbekannt – allerdings stehen viele der großen Hotels mit einigen Garagen in Verbindung, sodass in diesen Hotels wohl die Portiers eine Garage empfehlen können, wobei allerdings keineswegs dafür garantiert werden kann, dass in der betreffenden Garage dann auch eine Box frei sein wird. Eine sehr gute Garage ist im Westen die Telosgarage am Kurfürstendamm, ferner einige Garagen in Halensee, die Garage in der Wilmersdorfer Straße, die Mommsengarage, die Garage in der Nestorstraße, Nestorgarage, im Zentrum die Luisengarage und die Garage neben dem Postscheckamt. Die Unterstellung kostet in diesen Garagen durchschnittlich 2,50 bis 3 Mark täglich, ohne Waschen. Der Herrenfahrer, der seinen Wagen auch waschen lassen will, muss diese Arbeit pro Stunde bezahlen. Reparaturwerkstätten und Monteure finden sich in jeder Garage, wenn man aber seinen Wagen gründlich nachsehen lassen will, so tut man gut daran, sich an die Generalvertretung der Fabrik, deren Auto man fährt, zu wenden, die sehr gern einen Spezialmonteur zu Verfügung stellen wird. Insbesondere ist dies ausländischen Fahrern zu empfehlen, die bestimmt besser dran sein werden, wenn sie ihren Wagen durch einen Monteur nachsehen lassen, der die Maschine ganz genau kennt.

Hotelgaragen

Die Einfuhr- und Zollvorschriften sind für Deutschland genau die gleichen, wie für die anderen europäischen Staaten. Ein Tryptique, das man bei seinem heimatlichen Automobilklub erlangen kann, genügt, der Wagen muss ein Schild mit

Zollvorschriften

dem Zeichen seines Heimatlands tragen, muss den deutschen Beleuchtungsvorschriften usw. genügen, und der Führer oder die Führer müssen mit einem internationalen Fahrausweis ausgestattet sein.

Verkehrsvorschriften

Wichtig für den Fremden, insbesondere aber für den Ausländer, sind die Verkehrsvorschriften, umso mehr, da sie in Deutschland noch durchaus nicht einheitlich geregelt sind und jede Stadt über eigene Verkehrsvorschriften verfügt. Während man zum Beispiel in Hamburg an einer Straßenbahnhaltestelle, an der gerade ein Wagen hält, überhaupt nicht vorbeifahren darf, ist dies in Berlin gestattet, allerdings in Schritttempo. Wichtig ist vor allem der Grundsatz des RECHTSFAHRENS, denn es gibt in Europa auch zahlreiche Länder, in denen links gefahren werden muss, wogegen in Deutschland das Rechtsfahren allgemeine Vorschrift ist.

Die verkehrsreichsten Straßen in Berlin gelten als sogenannte Verkehrsstraßen erster Ordnung. In diesen Straßen – wie Friedrichstraße, einem Teil der Charlottenstraße, Friedrich-Ebert-Straße, Joachimstaler Straße, Potsdamer Straße und Tiergartenstraße – darf kein Fahrzeug wenden, und von 3 bis 7 Uhr nachmittags darf in diesen Straßen kein Wagen längere Zeit halten. Wer seinen Wagen warten lassen will, muss mit ihm in die nächste Querstraße fahren und ihn dort stehen lassen. Sitzt der Fahrer nicht am Steuer, so darf der Motor nicht laufen. Er muss abgestellt werden, wenn der Fahrer den Wagen verlässt. In Straßen, die nur einen Fahrdamm haben, aber nach beiden Richtungen hin befahren werden, darf auch

zum Überholen anderer Fahrzeuge – man muss stets links überholen – nicht über die Straßenmitte hinausgefahren werden. Einbiegen darf man stets nur in Schritttempo. Autos, die nach links einbiegen, müssen den Bogen so weit ausfahren, dass sie stets rechts vom Mittelpunkt der Straßenkreuzung bleiben, während beim Einbiegen nach rechts der kleinste mögliche Bogen genommen werden muss. Wie bereits erwähnt, darf an einer an der Haltestelle haltenden Straßenbahn vorbeigefahren werden, aber nur in einem Abstand von mindestens einem Meter von der Bahn und in Schritttempo. Das Halten fünf Meter vor und ebenso viel hinter den Haltestellen der Straßenbahnen und der Autobusse ist verboten. Auf Plätzen, Straßenkreuzungen und Brücken darf man andere Kraftfahrzeuge niemals überholen.

Besonders zu achten ist auf die Lichtsignale, mit denen jetzt in der City der Verkehr allgemein geregelt wird. Diese Lichtsignale werden von den sogenannten Verkehrsampeln gegeben, die über den Straßenkreuzungen hängend angebracht sind. Auf dem Potsdamer Platz, wo der Verkehr am stärksten ist, werden sie von einem Verkehrsturm aus gegeben.

Halt!

Das rote Licht bedeutet »Halt«. Es sperrt die Straße, und jedes Fahrzeug muss beim Erscheinen des roten Haltsignals so weit vor dem für den Fußgängerverkehr mit weißen Strichen bezeichneten Schutzweg halten, dass kein Teil des Wagens die Striche überragt. Das gelbe Licht bedeutet »Achtung« und kündet den nahen Wechsel an. Auf dieses Signal hin darf in der bisher freigegebenen Straße kein Wagen mehr kreuzen. Die bereits an der Kreuzung befindlichen Wagen haben sie schnellstens zu verlassen und die vor ihr haltenden Fahrzeuge haben sich zum sofortigen Anfahren fertig zu machen. Das grüne

Achtung!

Licht schließlich bedeutet »Straße frei«, und gibt die Straße für den Wagenverkehr frei. Wagen, die in eine gesperrte Straße nach rechts einbiegen wollen, dürfen die kurze Biegung in Schritttempo ausführen, Wagen dagegen, die nach links einbiegen wollen, dürfen die Biegung in die gesperrte Straße erst dann ausführen, wenn wieder das gelbe Licht erscheint. Bis dahin haben sie auf der Kreuzung hintereinander – nicht nebeneinander – zu halten. Wo es keine Lichtsignaleinrichtungen gibt, wo aber eine Regelung erforderlich ist, wird diese Regelung durch einen Schupobeamten ausgeführt, und zwar durch entsprechende Armbewegungen. Der waagerecht ausgestreckte Arm bedeutet dann für die Fahrzeuge, die von vorn und von hinten kommen, »Halt«. Der hocherhobene Arm bedeutet »Achtung«. Winken in der Fahrtrichtung bedeutet »Freie Fahrt«.

Straße frei!

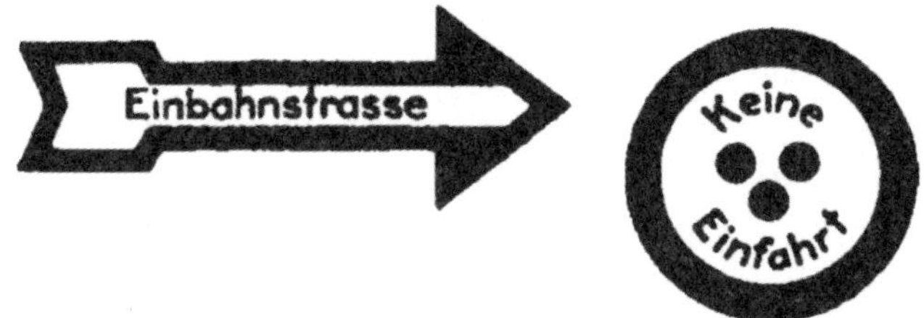

Wichtig sind auch die sogenannten Einbahnstraßen, die nur in einer Richtung befahren werden dürfen. Besonders am Lützowufer, an der Königin-Augusta-Straße, am Schöneberger Ufer, ferner in der Gegend des Alexanderplatzes, wo es eine ganze Menge von kleineren und größeren Einbahnstraßen gibt, wird der fremde Autofahrer gut daran tun, auf das Zeichen der Einbahnstraße zu achten. Sie wird auf der Einfahrtsseite durch einen weiß-roten Pfeil in der zugelassenen Fahrtrichtung gekennzeichnet, während auf der Ausfahrtseite ein rundes weiß-rotes Schild mit drei schwarzen Punkten die Einfahrt verbietet …

Da diese Art Verkehrsregelung nicht allerorts bekannt ist, wird der nach Berlin kommende Autotourist gut daran tun, sich die Vorschriften zu merken, wenn er keine Unannehmlichkeiten haben und keine Strafe bezahlen will. Die Beamten der Verkehrspolizei sind höflich, aber streng, und die Strafen sind manchmal recht empfindlich bemessen. Es ist auch jedem zu raten, die vorgeschriebene Fahrgeschwindigkeit von 35 Kilometer nicht zu überschreiten und von der Hupe weitgehenden Gebrauch zu machen – in seinem eigensten Interesse. Die Berliner Chauffeure, insbesondere die Droschkenchauffeure, fahren nicht gerade rücksichtsvoll, und die meisten Unfälle ereignen sich gerade an den »stillen« Straßenkreuzungen, an denen keine Beamten stehen, und wo jeder Droschkenchauffeur glaubt, mit Vollgeschwindigkeit durchrasen zu können.

Höflich, aber streng

WO WOHNT MAN IN BERLIN?

Die Luxushotels – Das berühmte Adlon –
Abendessen im Hotel – Tipps für den kleinen Beutel.

Eine Frage, die eigentlich nicht leicht zu beantworten wäre, die man aber in Berlin erheblich leichter beantworten kann als in anderen Großstädten, weil Berlin im Verhältnis zu seiner Ausdehnung, zu seiner wirtschaftlichen und politischen Bedeutung, vor allem aber im Verhältnis zu seinem Fremdenverkehr eine ausgesprochen hotelarme Stadt ist. Die großen Hotels kann man an den Fingern abzählen, und zwar nicht nur die Luxushotels, sondern auch jene Häuser, die zwar nicht als Luxushotels gelten – was sie vielleicht auch gar nicht wollen –, die aber dem Fremden mit ruhigem Gewissen empfohlen werden können. Die Luxushotels und die Hotels ersten Ranges sind durchweg sehr bequem und mit jedem modernen Komfort versehen, besonders die kleineren Häuser sind in Berlin vielleicht noch bequemer eingerichtet als in anderen Städten. In jedem guten bürgerlichen Berliner Hotel kann man heute sein Zimmer mit fließendem Wasser und Telefon bekommen, wenn auch die Errungenschaften des modernen amerikanischen Hotelbaues hier noch nicht bekannt sind. Es mag aber dahingestellt bleiben, ob jene fast vollkommen maschinelle Einrichtung der Bedienung, wie sie die amerikanischen Hotels eingeführt haben, wirklich eine Errungenschaft ist …

Eine hotelarme Stadt

Berlins bekanntestes Hotel ist zweifellos das HOTEL ADLON. Schon kraft seines Namens. Denn Grand Hotels und Bristols, Imperials und Excelsiors, Savoys und Continentals gibt es fast in jeder großen Stadt, aber ein Hotel Adlon gibt es nur in Berlin, genauso wie es ein Hotel Sacher oder ein Hotel Meißl und Schadn nur in Wien gibt. Die alte Anekdote von dem Brief, der aus Amerika mit der Adresse: Hotel Adlon, Europa, eintraf und auf dem kürzesten Wege befördert wurde, kann leicht wahr sein – das Adlon dürfte im Ausland Berlins bekanntestes Hotel sein. Das ergibt sich schon aus der Tatsache, dass es ein Hauptquartier der Politik, der Diplomatie und der Presse ist. Fremde Diplomaten und Journalisten, die Berlin aufsuchen, wohnen zumeist im Adlon, wo seinerzeit auch die französische Militärmission, damals noch mit General Nollet an der Spitze, untergebracht war, und ich erinnere mich noch sehr lebhaft an die bedeutende Rolle, die das Adlon in den Tagen des Kapp-Putsches gespielt hat, als die ganze internationale Presse in der Halle dieses Hotels saß. Wie weit die Berühmtheit des Hotels Adlon gerade in Amerika geht, beweist der Umstand, dass, als die »Chicago Tribune«, eine der größten Zeitungen der Staaten, sich entschloss, in Berlin ein eigenes Büro zu errichten, der hiesige Korrespondent des Blattes den strikten Auftrag bekam, das Büro im Gebäude des Adlon einzurichten – koste es, was es wolle …

Hotel Adlon – Europa

Für Diplomaten und Politiker ist also das Adlon der geeignetste Aufenthalt in Berlin – und für Journalisten erst recht. Aber auch Künstlern und insbesondere Filmschauspielern würde ich – da ich nun einmal vollkommen uneigennützig diese Ratschläge gebe – zum Adlon raten, wenn sie mich befragen würden, wo sie in Berlin absteigen sollen. Denn Rudolph

Valentino hat ebenso im Adlon gewohnt wie Pola Negri oder Charlie Chaplin, wie Douglas Fairbanks und Mary Pickford, wie Frieda Hempel und der Kammersänger Tauber. Auch Morris Gest, der größte Theatermanager der Welt, pflegt stets im Adlon abzusteigen mit seinem Freund Rudolf Kommer, der Max Reinhardt nach Amerika gebracht hat; und auch Sam Rachmann, der große Vermittler, hatte sein Hauptquartier hier aufgeschlagen, als die deutsche Künstlerwelt noch mit schüchternen Augen nach dem Lande jenseits des großen Teichs schielte.

Valentino, Chaplin, Negri, Fairbanks, Pickford, Reinhardt

Die Halle des Adlon ist ein Kapitel für sich. Da herrscht ein geschäftlicher und geschäftiger Betrieb erster Ordnung, und es ist keine Übertreibung, wenn ich sage, dass es Leute gibt, die diese Hotelhalle als ständiges Büro benutzen. In der einen Ecke sitzen sehr geheimnisvoll zwei Industriekönige nebeneinander, in der anderen lässt sich Arnold Rechberg interviewen, und am dritten Tisch kommt soeben ein amerikanischer Filmvertrag

Das Gespräch in der Adlonhalle:
»Also … mindestens hunderttausend …«

zustande. Eine Zeit lang galt die Halle des Adlon als Hauptquartier der großen Vermittler. Generaldirektor Bratz, der ewig junge, beschaffte hier eine Million nach der anderen für die Ufa, und wenn der Oberkellner, der in der Halle bedient, einmal seine Memoiren schreiben würde, so könnte er gewiss Wertvolles zur Zeitgeschichte Berlins beisteuern. Pagen laufen in ihren himmelblauen Jacken hin und her, rufen Namen aus, es herrscht ein ewiges Kommen und Gehen, auf silbernen Tabletts werden Besuchskarten präsentiert, schöne Frauen passieren auf dem Wege zum Fünf-Uhr-Tee die Halle. Gerüchte, Klatsch, Börsentipps, gesellschaftliche Sensationen und Nichtsensationen schwirren in der Luft.

Aber das Adlon hat auch andere Gäste. Der erste gekrönte Herrscher, der seit Kriegsende durch Berlin reiste, König Gustav von Schweden, ist im Adlon abgestiegen. Hier hat der Maharadscha von Kutsch gewohnt, und hier wohnt stets, wenn er nach Berlin kommt, auch eine andere Fürstlichkeit, nämlich Gerhart Hauptmann. Das Adlon spielt in Berlin dieselbe Rolle, wie das Ritz in Paris. Hier wohnen die reichen Amerikaner – zum größten Teil –, denn sowohl der Herr des Hauses, Louis Adlon, wie sein getreuer Generalstabschef Generaldirektor Kretschmar haben es verstanden, während wiederholter Besuche in den Staaten die Sympathien der Fifth Avenue für das Hotel Adlon zu gewinnen.

Die großen Hotels: Bristol

Ebenso international wie das Adlon sind noch BRISTOL und ESPLANADE, während der Kaiserhof viel eher ein Hotel der deutschen Gesellschaft ist. Im Bristol wohnt man vielleicht ruhiger als im Adlon – der Betrieb des Highlife ist nicht so groß. Hier pflegt der Zar Ferdinand von Bulgarien abzusteigen, wenn er aus Koburg eine kurze Reise nach Berlin unternimmt, und auch der Fürst Bülow wohnt im Bristol – zumeist im selben Appartement im ersten Stock –, wenn er seine schöne Villa Malta in Rom verlässt, um der Reichshauptstadt einen Besuch abzustatten. Fürst Fugger, Fürst Hohenlohe, Fürst Lynar, die Fürstin von Pleß sind ebenso Stammgäste des Bristol wie der ungarische Minister Baron Szterényi, Franz Lehár, der Sänger Schaljapin, oder, um Namen zu nennen, die aus der Hautevolee der deutschen Wirtschaft stammen, der Geheimrat von Opel, Generaldirektor Dr. Porsche, Generaldirektor Köngeter und manche Diplomaten. Im Bristol war auch der finnische Diktator General Mannerheim abgestiegen, und hier hat auch der Generalsekretär des Völkerbunds Sir Eric Drummond gewohnt, als er Berlin zum ersten Mal einen Besuch abstattete.

Esplanade

Das HOTEL ESPLANADE, das einst das Berliner Hauptquartier von Hugo Stinnes war – eines der am schönsten und modernsten eingerichteten Berliner Hotels –, hat in der Politik gleichfalls eine bedeutende Rolle gespielt, denn es hat seinerzeit einen großen Teil der Dawes-Kommission beherbergt, als man noch über die Reparationsfragen debattierte. Aber neben seiner internationalen Kundschaft, zu der unter anderem auch die beiden Nordpolforscher Amundsen und Rasmussen gehörten, wird das Hotel Esplanade vor allem von den Kohlenbaronen und Stahlfürsten der deutschen Schwerindustrie bevorzugt – vielleicht schon aus dem Grund, weil es ja auch heute noch zum Stinneskonzern gehört. Hier wohnen die Beherrscher des Ruhrgebiets, die Herren der ewig rauchenden Schlote von Westfalen und von Oberschlesien.

Kaiserhof

Das HOTEL KAISERHOF vereinigt, wie bereits gesagt, viel eher die deutsche Gesellschaft. Es ist ein altbekanntes, gutes, solides und vornehmes Haus, das aber einer Modernisierung dringend bedarf, wenn es die Konkurrenz mit den anderen großen Luxushotels der Stadt Berlin aushalten soll.

Eden

Das HOTEL EDEN, das erheblich kleiner ist als die vorgenannten Häuser, ist mit dem Hotel Claridge in Paris zu vergleichen, es ist ein elegantes mondänes Hotel, in dem man sehr gute Musik hören und ausgezeichnet Tango tanzen kann, wobei es keinem Menschen einfallen wird, dass dieses Haus vor sieben Jahren das Hauptquartier der deutschen Spartakisten war. Im Eden hat auch der mexikanische Präsident Calles während seines Berliner Aufenthalts gewohnt.

Excelsior: Europas größtes Hotel

Das HOTEL FÜRSTENHOF und das HOTEL EXCELSIOR – Letzteres Europas größtes Hotel, eine riesige Karawanserai mit fünfhundert Zimmern – werden mehr von einem durchreisenden Publikum besucht, da sie in unmittelbarer Nähe des Potsdamer bzw. Anhalter Bahnhofs liegen, aber auch sie haben ein Stammpublikum, das sich aus den guten Gesellschaftskreisen der deutschen Provinz rekrutiert.

Die großen Luxushotels in Berlin sind ungefähr genauso teuer wie die gleichrangigen Hotels im Ausland. Ein einbettiges Zimmer ist in diesen Häusern von etwa 10 bis 12 Mark an zu haben, ein zweibettiges von 20 bis 30 Mark an, ein Appartement, aus Salon, Schlafzimmer und Badezimmer bestehend, von 50 Mark an. Die leidige Trinkgeldfrage ist fast in allen Berliner Hotels durch die Einrichtung der zehnprozentigen Bedienungsabgabe zur beiderseitigen Zufriedenheit gelöst – auf die Wochenrechnung werden 10 Prozent aufgeschlagen und damit hat der Gast seine Verpflichtungen gegenüber dem Bedienungspersonal erfüllt. Das Spießrutenlaufen des abreisenden Gasts zwischen den Spalieren der trinkgeldsüchtigen Angestellten ist in diesen Berliner Häusern vollkommen unbekannt. Im Edenhotel kann man ein Zimmer sogar schon für 9 Mark bekommen, im Excelsior für 7 Mark. Das erste Frühstück ist in den meisten Berliner Hotels nicht mehr obligatorisch, dagegen wird meistens gewünscht, dass man eine der Hauptmahlzeiten im Hotel einnehmen soll, was man auch ruhig tun kann, da die Restaurants der großen Hotels nicht im Geringsten teurer sind als die gleichwertigen Gaststätten. Für ein Mittagessen werden 3,50 bis 5,50 Mark verlangt, und da der Weinzwang überall aufgehoben ist – nicht zuletzt unter dem Einfluss der amerikanischen Gäste –, so kann man auch in den Hotels recht preiswert speisen. Im Übrigen verabreicht ein großer Teil der Berliner Cafés und Konditoreien ein Frühstück, das als ausgesprochene Konkurrenz gegen die Hotels gedacht ist – für 1,25 Mark kann man da Kaffee, Tee oder Schokolade, dazu Butter, Brot, Eier, Schinken und Käse bekommen.

Abends sind die großen Hotels teurer – das Menü zu vier Gängen kostet 10 Mark. Aber mit der großen Wandlung, die seit dem Krieg alle großen Berliner Hotels durchgemacht haben, hat sich auch das abendliche Bild der Hotels erheblich geändert. Während früher die Hotels lediglich für die Fremden bestimmte Gaststätten waren, sind sie jetzt Mittelpunkte der Berliner Gesellschaft geworden. Die in England längst verbreitete Mode, Gäste im Hotel zu empfangen und zu bewirten, hat sich jetzt auch in Berlin eingebürgert, und besonders die in den letzten zwei Jahren eingeführten Galaabende – im Adlon donnerstags – sind unbedingt sehenswert. Ein solcher Galaabend bietet ein überwältigendes Bild. Was da an eleganten Toiletten, an Schmuck und an schönen Frauen aufmarschiert, kann heute auch in Paris oder London kaum überboten werden, und einen

Tun Sie Geld in Ihren Beutel!

solchen Galaabend muss man, wenn man nach Berlin kommt und die Berliner Gesellschaft kennenlernen will, unbedingt mitgemacht haben. Die Preise an den Galaabenden sind nicht erhöht – das große Gedeck kostet zwar 20 Mark, aber man kann ein kleineres Menü von vier Gängen ebenso für 10 Mark bekommen, wie an den anderen Tagen, und da kein besonderer Eintrittspreis verlangt wird, so ist ein solcher Galaabend eigentlich keine so kostspielige Angelegenheit, als dass man auf ihn nur aus Sparsamkeitsrücksichten verzichten sollte.

Wer hier isst

In den Restaurants der Hotels verkehren auch jene gesellschaftlichen Kreise Berlins, die man sonst nur selten sehen kann, die Leute, die nicht zur Lebewelt, sondern zur Arbeitswelt gehören. Da sieht man manchen Minister oder Staatssekretär, die gedrungene Gestalt Dr. Luthers, den bieder aussehenden Dr. Wirth, den schlanken Baron von Rheinbaben, Freiherrn von Richthofen, dann die Herren der Bankwelt wie Franz Urbig oder Franz von Mendelssohn, Jakob Goldschmidt oder Herbert Gutmann, den großen Förderer des deutschen Golfsports, die Feldherren der Berliner Industrie, wie etwa den Geheimrat von Borsig, den jüngeren Siemens, die Brüder Tietz oder auch die kluge Gnomgestalt des Geheimrats Felix Deutsch, des Leiters der AEG, und die hohe schlanke Figur des Reichsbankpräsidenten Dr. Schacht. Da sieht man den in der Berliner Gesellschaft wohlbekannten Staatssekretär Dr. Weißmann, den kleinen blonden Grafen Arco, einen der bekanntesten Pioniere

Dr. Martin Carbe

der drahtlosen Telegrafie mit seiner Gattin, die großen Verleger und Zeitungskönige wie Hans Lachmann-Mosse, der Rudolf Mosses Haus und Macht geerbt hat und verwaltet, mit seinem Generalstabschef, dem scharfsinnigen Verlegerjuristen Dr. Martin Carbe, die vier Ullsteins: Rudolf, den Sportsmann, den ernsten Franz, den gemessenen Louis, den impulsiven Hermann, und nicht zuletzt auch die diplomatische Welt, die sonst sehr selten zu sehen ist, da sie sozusagen einen abgeschlossenen Kreis für sich bildet.

Aber wenn Sie Mittelständler sind …

Neben diesen großen Luxushotels gibt es aber eine ganze Reihe von kleineren Hotels, in denen man weniger gesellschaftlich, dafür aber erheblich billiger und – was für viele Leute von Wichtigkeit sein wird – auch wesentlich ruhiger wohnen kann. Unter diesen Hotels, die absolut komfortabel eingerichtet, modern und bequem sind, muss man das HOTEL HESSLER erwähnen, sowie das HOTEL AM ZOO, das PARKHOTEL und das HOTEL AM TIERGARTEN, alle vier in Charlottenburg in der Gegend des Bahnhofs Zoo.

Diese Hotels haben freilich nicht die zentrale Lage des Adlon oder Bristol, sind aber gerade deshalb für Reisende, die längere Zeit in Berlin bleiben wollen, nicht weniger empfehlenswert. Auch das HOTEL CONTINENTAL, der RUSSISCHE HOF und das besonders in Artistenkreisen sehr gut bekannte HOTEL CENTRAL – alle drei am Bahnhof Friedrichstraße – sind durchaus empfehlenswert und um ca. 20 Prozent billiger als die Luxushotels. So kann man etwa im Hotel am Zoo ein einbettiges Zimmer für 6 Mark, ein zweibettiges für 14 Mark bekommen. In diese Kategorie gehört auch das PALASTHOTEL am Potsdamer Platz, das HOTEL HABSBURGER HOF sowie das HOTEL WEISSES HAUS in der

Krausenstraße und noch eine ganze Reihe von bürgerlichen Häusern.

Pensionen

Die Zahl der Pensionen und Fremdenheime ist Legion. Es mag genügen, die PENSION STEINPLATZ zu erwähnen, ein großes Haus, das eine Art Familienhotel ist, und besonders von Russen bevorzugt wird, sowie die PENSION HARDENBERG-PALAST, PENSION PRAGER PLATZ und die PENSION REGINA. In diesen Häusern kostet ein Zimmer mit Verpflegung, die man als gut bezeichnen kann, durchschnittlich 10 bis 14 Mark.

VORMITTAGSSPAZIERGANG DURCH BERLIN

Ein wunderbarer Rundgang durch Berlin –
Abends wird Berlin zu Paris.

Wien hat seinen Ring, Budapest die Andrassystraße, Paris die Avenue des Champs-Élysées, Berlin hat seine Linden. Sie ist nun einmal die schönste Straße Berlins und die an Traditionen reichste, sie ist die repräsentativste Straße dieser Stadt, ihre Visitenkarte sozusagen, sie hat einen großen Teil der Geschichte dieser Stadt mitangesehen und miterlebt, sie hat ihr Antlitz mit den Zeiten geändert, aber sie ist nicht älter geworden. Und wenn wir einmal durch Berlin spazieren wollen, dann müssen wir eben Unter den Linden beginnen, nicht anders als die großen Autobusse des Herrn Käse.

Die schönste Straße Berlins

Wir beginnen also unseren Rundgang am Pariser Platz, vor dem Brandenburger Tor, dem Wahrzeichen Berlins, auf dem in ihrer Quadriga die Viktoria thront, diese bronzene Viktoria, die bereits einmal einen Besuch in Paris abgestattet hat. Napoleon hatte sie 1807 nach Paris verschleppt, aber sieben Jahre später wurde sie nach Berlin zurückgebracht. Durch vier Bögen von den fünf des Brandenburger Tors jagen die Autos von und nach dem Westen. Der fünfte Bogen, der mittlere, ist leer und frei. Durch diesen Bogen durfte früher nur der Kaiser fahren, und wenn jetzt auch keine ausgesprochene Vorschrift dafür besteht – er wird nur vom Reichspräsidenten benutzt.

Der Rundgang beginnt

Sie kennen doch Liebermann?

Rings herum stehen einfache und vornehme Palais – das Haus des Malers Max Liebermann mit seinem Atelier auf dem Dach, das Palais Friedländer, das reizende Barockpalais der französischen Botschaft und die Akademie der Künste. Dann – auf der rechten Ecke des Platzes, der Stadt zu, steht das Kolossalgebäude des Hotels Adlon.

Wir wandern langsam hinunter, dem Lustgarten zu. Ecke Wilhelmstraße passieren wir das Kultusministerium, das Hotel Bristol, dann das kahl-graue Gebäude der russischen Botschaft, und gelangen zu der belebtesten Ecke Berlins, zur berühmten Kranzlerecke, wo die Friedrichstraße die Straße Unter den Linden kreuzt. Diese Ecke ist die Weltecke Berlins – gleichwertig mit der Pariser Ecke vor dem Café de la Paix, mit der Londoner Ecke vor dem Mansion House, mit der Wiener Ring-Ecke an der Kreuzung von Kärntner Straße und Opernring. Diese Ecke ist auch das Herz des Berliner Nachtlebens und des Berliner Fremdenverkehrs, und wenn man die Geschäftsleute fragen würde, die hier einen Laden besitzen, würden sie gewiss versichern, dass dies die teuerste Ecke der ganzen Stadt sei.

Das historische Eckfenster und …

Wir spazieren nun an dem Palais Kaiser Wilhelm I. vorbei, werfen einen Blick auf das »historische Eckfenster«, hinter dem der alte Kaiser zu arbeiten pflegte, und stehen auf dem Kaiser-Franz-Josef-Platz. Da steht links die Universität, daneben das stattliche Gebäude der Staatsbibliothek und das Zeughaus, das anfangs ein gewöhnliches Artilleriedepot gewesen ist, aber 1877 in ein Kriegsmuseum umgestaltet wurde, und für den Kunstfreund besonders anziehend ist durch die herrlichen Masken sterbender Krieger, die der große Barockbaumeister Andreas Schlüter schuf. Rechts erhebt sich das Opernhaus, dahinter strebt die grüne Kuppel der Hedwigskirche in die Luft.

Wir kommen dann zum ehemaligen KRONPRINZENPALAIS, in dem jetzt ein Teil der Nationalgalerie untergebracht ist, insbesondere Werke neuerer deutscher Kunst.

Wir gehen über die Schlossbrücke und stehen auf einem weiten, geräumigen Platz, den man mit dem Place de la Concorde in Paris vergleichen könnte, wenn er auch lange nicht so schön ist. Auf der rechten Seite steht, grau, massig und imposant, das ehemals KAISERLICHE SCHLOSS, mit dem Balkon, von dem Kaiser Wilhelm an jenem welthistorisch gewordenen Augusttage zu seinem Volke sprach, ein gewaltiger Barockbau, gleichfalls von Schlüter errichtet. Eine große, später hinzugefügte Kuppel schließt ihn ab. In den zahllosen Gemächern des Schlosses, die vielfach noch die alte prachtvolle Barockausstattung zeigen, sind jetzt kunstgewerbliche Sammlungen und einige Ämter untergebracht. Vor dem Schloss steht ein schöner Brunnen, den Begas geschaffen hat und das äußerlich pompöse Kaiser-Wilhelm-Nationaldenkmal, ebenfalls ein Werk dieses Künstlers. Auf der anderen Seite des Platzes der Neue Dom, ein unruhig überladener moderner Renaissancebau, über 110 Meter hoch, von einer großen Kuppel gekrönt, die auf die Bäume des Lustgartens herabschaut. Hinter dem Dom erhebt sich der rote Bau der Nationalgalerie und weiter dahinter das Kaiser-Friedrich-Museum, in dem unschätzbare Werte deutscher und fremder Kunst untergebracht sind. Schinkels Altes Museum mit der schönen Säulenhalle über der Freitreppe enthält die griechischen, römischen und ägyptischen Sammlungen. Doch nur wenige hundert Schritte weiter, und man steht vor einem Gebäude ganz anderer Art, vor einem großen Bau, in dem emsiges Leben zu herrschen scheint, dessen Treppen wimmeln, vor dem ganze Parks von Autos warten. Das

… der historische Balkon

Taschen zuknöpfen!

ist die Börse – in Berlin kurz »Burgstraße« genannt, das pulsierende Herz des deutschen Geschäftslebens.

Die Königstraße führt weiter, an dem von einem riesenhaften roten Turm überragten Gebäude des Rathauses vorbei, zur Spandauer Straße, und von dort geht die Wanderung weiter

Alexanderplatz

zum Alexanderplatz, einem der geschäftigsten und belebtesten Plätze Berlins, wo auch das Gebäude des Polizeipräsidiums steht. Das ist schon Alt-Berlin. Und wenn jemand Zeit genug hat, sich nicht nur um das neue Berlin zu kümmern, dann soll er nicht verfehlen, dem Krögel und der Fischerbrücke einen Besuch abzustatten, wo er für ein paar Minuten das ganze jagende Tempo, die ganze Hast vergessen kann.

Wir gehen nun durch die Gertraudtenstraße zum Spittelmarkt weiter und landen in der Leipziger Straße, in der großen

Das ist der Potsdamer Platz!

Geschäftsstraße Berlins, die in den Stunden des lebhaftesten Verkehrs so verstopft ist, dass sich die Neunmalweisen der Berliner Verkehrspolizei schon seit Jahren den Kopf darüber zerbrechen, wie man diesem Übelstand abhelfen könnte. Wir gehen an dem RIESENWARENHAUS TIETZ vorbei, dem Stammhaus der Warenhauskönige, die in Berlin allein über neun große Warenhäuser verfügen, kreuzen die Charlottenstraße, sehen rechts den Gendarmenmarkt mit den zwei Kuppeltürmen der Neuen Kirche und der Französischen Kirche, überschreiten wieder die Friedrichstraße, spazieren an der prächtigen Granitfassade des weltberühmten WARENHAUSES WERTHEIM vorbei und stehen auf dem Potsdamer Platz, wo das rote Licht des Verkehrsturms gerade »Halt« gebietet.

Potsdamer Platz

Dieser Potsdamer Platz ist für den ahnungslosen Fußgänger, aber auch für den ahnungslosen Autofahrer die gefährlichste Stelle Berlins. Fünf der belebtesten und verkehrsreichsten Straßen münden hier, und wenn der Beamte auf dem schlanken Signalturm den Verkehr nicht regeln würde, wäre es einfach unmöglich, über den Platz zu gelangen. Auch so ist es eine Kunst, über den Potsdamer Platz zu kommen, und die Fahrt über diesen Platz ist das schwerste Kunststück, das die Berliner Verkehrspolizei von den zukünftigen Besitzern eines Führerscheins bei der Prüfung zu verlangen pflegt. Wir warten also, bis das grüne Licht den Übergang frei gibt, gehen dann zwischen den weißen Strichen der für die Fußgänger erlaubten Passage über den Platz und wenden uns halbrechts nach der Bellevuestraße, um nach dem Tiergarten zu gelangen.

Wir gehen an dem Hotel Esplanade vorbei und landen auf dem Kemperplatz, am Rolandbrunnen, wo Berlins neuestes und prunkvollstes Café, das CAFÉ SCHOTTENHAML, steht, das erst vor einiger Zeit eröffnet wurde. Wir gehen durch die Siegesallee, die rechts und links von schneeweißen Marmorstandbildern flankiert ist, die zwar einen sehr anschaulichen Geschichtsunterricht geben, da sie alle brandenburgischen und preußischen Herrscher darstellen, sonst aber durchaus nicht zu den künstlerisch sehenswertesten Denkmälern in Berlin gehören. Von Weitem sehen wir schon die Siegessäule auf dem ehemaligen Königsplatz, der jetzt den Namen »Platz der der Republik« trägt, und davor erhebt sich das mit einer goldenen Kuppel gekrönte Gebäude des Reichstages, ein Werk Wallots.

In den Zelten

Wir gehen nun an dem roten Backsteinbau des ehemaligen Großen Generalstabs, in dem jetzt das Reichsministerium des Inneren untergebracht ist, vorbei, durch die Straße »In den Zelten«, lassen das geschäftige Treiben der Spree rechts liegen und gelangen, an dem Schloss Bellevue vorbeikommend, zum Großen Stern, dem Herzen des Tiergartens, dieses großen Parks, der sich mitten in der Stadt Berlin über viele Quadratkilometer erstreckt. Hätte Berlin einen Wagenkorso wie London am Rotten Row oder Paris im Bois de Boulogne, so wäre dieser herrliche Tiergarten der geeignetste Platz dafür. Aber Berlin hat keinen Wagenkorso, wie es überhaupt keinen Korso hat, keine große Promenier- und Flanierstraße, auf der sich die Welt, die nichts zu tun hat und sich trotzdem nicht langweilt, ein Rendezvous geben würde. Berlin spaziert nicht. Berlin hat auch keine Apéritiflokale, Berlin hat auch keine Konditoreien, in denen man vormittags eine halbe Stunde lang plaudert, Berlin hat zu solchen Vergnügungen keine Zeit. Selbst Unter den Linden, auf der Tauentzienstraße und am Kurfürstendamm sieht man keine Leute, die nur spazieren gehen wollen. Ein jeder eilt. Ein jeder hat ein Ziel. Zwecklose Schritte gehören in Berlin zu

Berlin spaziert nicht

den Seltenheiten, und der Tiergarten belebt sich nur morgens und abends. Morgens, wenn die Reiter und Reiterinnen durch die Tiergartenalleen sprengen – denn Reiten ist in Berlin ein beliebter Sport, und wenn man auch nicht mehr den Kaiser durch die schattigen Alleen reiten sehen kann, so sieht man dafür viele schöne Frauen, die zumeist im Herrensitz reiten –, oder aber abends, wenn die vielen Liebespärchen erscheinen, die sich dann auf den berühmten Bänken des wohlwollend finsteren Tiergartens niederlassen.

In einer schnurgeraden Linie durchschneidet die Charlottenburger Chaussee den Tiergarten bis zum Bahnhof Tiergarten, und mündet dort in die Berliner Straße, rechts die berühmte Staatliche Porzellanmanufaktur und links die Technische Hochschule hinter sich lassend. Am Knie sind dann die Anlagen zu Ende. Die Stadt beginnt wieder. Das ist aber nicht mehr Berlin, sondern die Schwesterstadt Charlottenburg.

Wir gehen nun die breite, schöne Hardenbergstraße hinunter, an der Hochschule für Musik und bildende Künste vorbei zum Bahnhof Zoo, der seinen Namen von dem Zoologischen Garten erhalten hat. Der »Zoo« gehört mit dem Aquarium zu den größten Sehenswürdigkeiten Berlins, und hat neuerdings durch die Errichtung des hochinteressanten Planetariums noch eine besondere Zugkraft bekommen. Er ist nicht nur eine Sehenswürdigkeit für den Fremden, sondern ist auch bei den Berlinern sehr beliebt, insbesondere bei den jungen und jüngsten Berlinern und Berlinerinnen, die ein Stammpublikum des Zoo bilden. Im Frühling verwandelt sich der Zoo in eine Filiale von Karlsbad. Dann spazieren Herren und Damen, die schlanker werden wollen, mit dem heilbringenden Wunderkelch in der Hand zwischen den Käfigen und verzehren

Der Zoo

nachher das echt Karlsbader Frühstück, von dem sie noch dicker werden.

Kurfürstendamm, Vergnügunszentrum der Berliner

In den letzten Jahren nach dem Krieg ist die Gegend um den Bahnhof Zoo herum ein zweiter Brennpunkt des Berliner Lebens geworden. Während die Friedrichstraße ihren Charakter als Vergnügungszentrum für die Fremden beibehielt, entwickelte sich die Gegend am Zoo zu einer Art Vergnügungszentrum der Berliner. Kinos, Tanzlokale, Dielen schossen wie Pilze aus dem Boden. Um die Gedächtniskirche herum kann man heute fünf große Kinos, sieben Cafés und einen großen eleganten Tanzpalast zählen. Der Autoverkehr schwillt hier in den Abendstunden geradezu drohend an, die Verkehrspolizisten haben alle Hände voll zu tun, Lichtfontänen blenden mit ihren Reklamen von allen Häuserfronten herab, und der Berliner nennt diese Ecke seinen BROADWAY. Diese Entwicklung ist aber nur die Folgeerscheinung einer anderen Entwicklung im Charakter Berlins – auch ein großer Teil des Geschäftslebens ist aus dem Zentrum der Stadt nach dem Westen abgewandert. Der Kurfürstendamm, der vor dem Krieg eigentlich nur eine Art Flanierstraße war, zieht wie ein Magnet große Geschäfte, Läden und Vergnügungslokale an, und es wird gewiss nur kurze Zeit dauern, bis das erste Warenhaus am Kurfürstendamm errichtet werden wird, um das Werk zu vollenden, das mit dem Verschwinden des Reitwegs vom Kurfürstendamm schon angedeutet wurde – um die schöne, breite Straße, die früher nur ein vornehmes Wohnviertel durchquerte, zu einer Geschäftsstraße ersten Ranges zu stempeln. Die Brüder Tietz haben schon vor Jahren das wertvollste Grundstück am Kurfürstendamm erworben, und sie warten offenbar nur auf die Aufhebung der Wohnungszwangswirtschaft, um an der

Ecke Kurfürstendamm und Joachimstaler Straße ein neues Riesenwarenhaus zu errichten.

Von der Gedächtniskirche führt die Tauentzienstraße am Kaufhaus des Westens vorbei zum Wittenbergplatz und von dort aus geht die Kleiststraße zum Nollendorfplatz, dem Einfalltor des sogenannten Bayerischen Viertels, während die Budapester Straße von der Gedächtniskirche aus an dem eleganten Edenhotel vorbei zum Tiergarten zurückführt.

Wer in Berlin mehr sehen will als die Gebäude und Denkmäler, wer sich auch für das Leben der Stadt, die er kennenlernen wollte, interessiert, dem rate ich aber, in den Abendstunden, etwa zwischen 6 und 7 Uhr, durch die Tauentzienstraße und über den Kurfürstendamm zu bummeln. Er wird glauben, dass er sich auf einem Pariser Boulevard befindet. Um diese Zeit, wenn die Linden bereits halbleer sind – wenn Untergrundbahn, Autobusse und Straßenbahnen die Menschen aus der einschlafenden City nach dem eben erst zu seinem nächtlichen Leben erwachenden Westen befördern, sind die beiden großen Geschäftsstraßen des Westens voll von Menschen, die Straßen wimmeln, die Konditoreien und Cafés sind überfüllt, vor den Kinos stehen die Menschen Schlange, in den Geschäften herrscht Hochbetrieb, denn hier beginnt das »Shopping« erst um fünf Uhr, und vor den Portalen der Tanzdielen geben die goldbetressten Portiers die bedauerliche Auskunft: »überfüllt«. Die Hast des Tages weicht der Hast des Abends. Wer sich tags beeilte, weil er eine Geschäftskonferenz hatte, beeilt sich jetzt, weil er ein Rendezvous hat. Die Sucht nach dem Vergnügen bricht sich Bahn. Man zerbricht sich den Kopf darüber, wo man hingehen könnte, was man sehen müsste, wo man sich am besten amüsieren werde. Der ganze Kurfürstendamm gleicht

Aber am Abend …

Det ist Berlin!

einem aufgeregten Ameisenhaufen, während die Fassaden der Häuser in dem schillernden Glanz der Lichtreklame schimmern.

Männlein und Weiblein sucht sich in dem Gewühl. Junge Leute, Studenten, Künstler, Volk aus dem Romanischen Café sieht man und aufgetakelte Berlin W-Damen, die durch goldene Lorgnettes die Schaufenster beäugen. Hunde werden spazieren geführt. Ecke Joachimstaler Straße warten drei Dutzend halbe Pärchen auf die zu spät kommende andere Hälfte. Zeitungsverkäufer verkünden die Titel ihrer Blätter – nur die Titel, denn das Ausrufen des Zeitungsinhalts ist in der Weltstadt Berlin polizeilich verboten, genauso wie in Kötzschenbroda. Alte Herren beraten während ihres abendlichen Spaziergangs die politische Lage, und Finanzfeldherrn in spe studieren, an die Litfasssäule gelehnt, das Kursblatt »Börsen-Courier«. Dazwischen klingelt die Straßenbahn, die Autohupen tuten, die schlecht geschmierten Bremsen quietschen, die gleißende Flut der Lichtreklame blendet das Auge, immer voller und stärker, schwärzer und hastiger quillt der Menschenstrom durch die Straßen, knäuelt sich zusammen und sondert sich ab – bis die Uhr der Gedächtniskirche acht geschlagen hat.

ZWISCHEN WILHELMSTRASSE UND PLATZ DER REPUBLIK

Regierungsviertel und Parlament – Parlamentarische Stilblüten.

Am Wilhelmplatz, dort wo die Voßstraße von der Wilhelmstraße abzweigt, steht ein baumlanger, hagerer Schutzmann und regelt den Verkehr. Seine besondere Aufmerksamkeit widmet er den Lastkraftwagen, die er unbarmherzig nach der Voßstraße verweist. Zudem steht auch eine Tafel da, mit einem schwarzen Punktzeichen: Für Lastkraftwagen verboten. Lastkraftwagen sind also in diesem Teil der Wilhelmstraße nicht zugelassen. Und das ist richtig so. Denn die Männer, die Deutschlands Geschicke leiten, müssen in Ruhe arbeiten können, und schon die unvermeidlichen Autos machen Lärm genug.

Die Wilhelmstraße ist das »Regierungsviertel« Berlins. Die deutsche Downing Street, der deutsche Quai d'Orsay, der Berliner Ballhausplatz. Hier sind die wichtigsten Ministerien untergebracht, hier wohnen Reichspräsident und Reichskanzler, hier werden die Gesetzesentwürfe ausgearbeitet, hier wird der Etat geboren. Das Reichsfinanzministerium befindet sich allerdings an der anderen Ecke des Wilhelmplatzes, die noch nicht vor Lastkraftwagen geschützt ist. Offenbar glaubt die Verkehrspolizei, dass das Finanzministerium eben mehr vertragen kann als die anderen Ministerien. Dem Fremden soll es aber gesagt werden – es ist das Haus Wilhelmstraße 61, wo der Herr

Die Ministerien

Reichsfinanzminister als oberster Kriegsherr aller Steuererklärungen thront, während an der gegenüberliegenden Ecke sich das Haus der Reichsbahngesellschaft erhebt. Das Hotel Kaiserhof ist nun doch Hotel geblieben, obwohl die Geheimräte im Reichsfinanzministerium mit ihren geistigen Augen schon die Seufzerbrücke gesehen haben, die sie aus dem alten Haus des Ministeriums zum Hotel umbauen wollten. Sonst steht von Nichtregierungsgebäuden nur noch eine Bank und das Palais der amerikanischen Botschaft auf diesem Platz. Das Übrige gehört dem Reich und Preußen.

Im ehemaligen PALAIS LEOPOLD an der Ecke der Wilhelmstraße haust die Presseabteilung der Reichsregierung. Hier versammeln sich jeden Mittag die politischen Redakteure der deutschen Presse, um die Ereignisse der Tagespolitik mit den Vertretern der Reichsregierung zu besprechen. Diese Versammlung ist eine Art Vizeparlament. Auch hier kann man erregte Debatten erleben, auch hier werden manchmal unangenehme Fragen gestellt, und auch hier kann man Ministerreden hören, denn es gibt Minister, die es sich nicht nehmen lassen, die Presse selbst zu informieren. Der wesentlichste Unterschied zwischen der Pressekonferenz und dem Reichstag soll darin bestehen, dass es in der Pressekonferenz kein Restaurant gibt und auch keine Diäten. Aber das kann ja noch einmal nachgeholt werden.

Pressekonferenzen

Gegenüber diesem Palais Nr. 77 wohnt der Reichskanzler in einem schönen Hause, dessen Garten sich bis zur Friedrich-Ebert-Straße erstreckt. Hier hat schon Bismarck gewohnt, die Räume sind groß, geräumig, luftig, die weißen Türen mit Gold verziert, und die Diener tragen stets weiße Handschuhe.

Hier wohnt der Reichskanzler

Daneben wird in drei Häusern die auswärtige Politik des

Reichs gemacht und hier wohnt auch der Außenminister Dr. Stresemann, aber nicht in einem der Palais, sondern in einer Villa, die sich mitten im großen Garten des Ministeriums befindet. Findet bei ihm ein Empfang statt, so fahren die Gäste in der Friedrich-Ebert-Straße vor, wo eine hohe rote Mauer darüber wacht, dass gewöhnliche Sterbliche keinen Einblick in diesen Garten Eden der diplomatischen Genüsse bekommen.

Hier wohnt der Außenminister

Im Hause Nr. 73 wohnt der Reichspräsident. Vor dem Gartentor stehen zwei Schupoleute, während am inneren Eingang des Palais zwei Soldaten Wache halten. Hier sind auch die Büros des Reichspräsidenten, die sein treuer Adlatus, Staatssekretär Meißner, verwaltet.

Hier wohnt der Reichspräsident

In den gegenüberliegenden Häusern sind verschiedene Reichsbehörden untergebracht, an der Ecke Unter den Linden steht das Haus des Preußischen Ministeriums für Kultur und Unterricht, während einige Schritte weiter, in einem Palais von gelber Farbe, der Botschafter Seiner britischen Majestät zu Hause ist. Der Reichsminister des Innern haust mit seinem Beamtenstab in dem großen roten Gebäudekomplex des ehemaligen Großen Generalstabs am Platze der Republik, das Reichswehrministerium in der Bendlerstraße, das Postministerium in der Leipziger Straße, die preußische Landwirtschaft und Handel werden ebenfalls aus der Leipziger Straße regiert, während sich das Reichsjustizministerium in der Voßstraße befindet. Trotzdem die meisten Ministerien nicht in der Wilhelmstraße liegen, schlägt aber das politische Herz Deutschlands doch hier. Hier werden die Entscheidungen getroffen.

Besprochen – und zwar ausgiebig – werden sie allerdings am Platz der Republik, in dem großen Bau mit der goldenen Kuppel, der die stolze Aufschrift »Dem deutschen Volke« trägt:

im Reichstag. Wer ein Interesse an dem politischen Leben Deutschlands hat, wird gewiss neugierig sein, wie es in diesem Hause aussieht.

Im Reichstag

Hat man Glück, so flattern die schwarz-rot-goldenen Fahnen auf den Masten des Parlaments – die Sitzung ist im Gange. Hat man noch mehr Glück, so gibt es auch eine kleine Regierungskrise, was ja nicht allzu selten ist. Und hat man sehr viel Glück und einen Bekannten, der in diesem Palast als M. d. R. oder als Journalist zu Hause ist, so kann man auch eine Tribünenkarte bekommen, ja sogar einen Blick in die Wandelgänge werfen.

Vor dem Portal in der Simsonstraße, wo sich der Eingang für die Abgeordneten und für die Presse befindet (gewöhnliche Sterbliche können das Haus nur vom Reichstagsufer aus betreten), halten eine Menge Autos, Schupoleute patrouillieren herum und auch ein paar Dutzend Neugierige stehen da, die im Mittagsblatt gelesen haben, dass der Reichstag einen großen Tag habe. Das Thermometer des Reichstags ist aber die Kleiderablage. Sind alle Kleiderhaken besetzt, so muss etwas Wichtiges vorgehen. Denn sonst sieht die Garderobe des Reichstags ungefähr so aus wie die eines Sommertheaters bei gutem Wetter.

Es geht also etwas vor. Die große Wandelhalle, die mit einem purpurroten Teppich bedeckt ist, wimmelt von Menschen. Ob das alles Abgeordnete sind? Nein, nein – es sind auch welche darunter, die erst Abgeordnete werden wollen, es sind ferner Journalisten darunter, die für die Abgeordneten unentbehrlich sind, da sie zumeist von ihnen erfahren, was eigentlich los ist, es sind Amateurpolitiker darunter, die alle einen fertigen Kompromissplan oder ein Koalitionsprogramm in der Tasche tragen, und es sind schließlich auch politikbegeisterte Damen darunter, die gerade an solchen schicksalsschweren Tagen mit Vorliebe auftauchen. Überall stehen kleine Gruppen beisammen. Man debattiert, man fängt einzelne Worte auf, Namen, Fetzen einer Unterhaltung. Die Stimmung wechselt alle fünf Minuten. Bald ist alles zerschlagen, bald ist wieder alles »in Butter«. Hat man den Topf zerschlagen, so eilt man mit dem Leim, um ihn wieder zusammenzuleimen. Was machen die Sozis? Sie sitzen beisammen. So viel wie im Reichstag wird vielleicht nirgends beisammengesessen.

Was geschieht? Wird man ablehnen, oder gibt man nach?

Man kann es nicht wissen. Hier kann man es nie wissen.

Ein Journalist flitzt durch die Wandelhalle und verkündet eine Neuigkeit: In dem Fraktionszimmer der Demokraten hat soeben ein Kompromissvorschlag das Licht des parlamentarischen Tages erblickt. Bis er aber zum Telefon stürzt, um die Sensation zu melden, ist die Sache nicht mehr wahr. Der Vorschlag ist nämlich schon abgelehnt.

Lord Breitscheid

Dr. Breitscheid – neuerdings kurzweg »Lord Breitscheid« genannt – promeniert in der Wandelhalle mit einer jungen Journalistin. Es ist ein sehr ungleiches Paar, denn Breitscheid ist unangefochtenerweise der »größte« Abgeordnete, wogegen besagte Dame ebenso unangefochtenerweise das »kleinste« Mitglied der Reportergarde ist. In einer anderen Ecke sieht man die salbungsvolle Gestalt des Domkapitulars Dr. Leicht von der Bayerischen Volkspartei inmitten einer großen Gruppe. Dr. Dernburg, massig und kraftvoll, versucht einige Volksparteiler umzustimmen. Baron von Lersners schlanke schwarze Gestalt eilt durch die Halle, und Erich Koch, der Chef der Demokraten, zieht sich mit einigen seiner Parteifreunde in eine Ecke zurück. Was mag dort nur vorgehen?

Nicht weniger reges Leben herrscht in den inneren Wandelgängen, zu denen eigentlich nur die Abgeordneten Zutritt haben sollen. Aber in Krisentagen nimmt man es nicht so ernst mit den Vorschriften, und so schwirren im linken Wandelgang, wo die Sozialisten auf den Plüschsofas beraten, ausländische Korrespondenten herum, die wissen wollen, was sie nach Paris und London, nach Rom und New York melden sollen. Scheidemanns Spitzbart taucht auf und verschwindet wieder im Restaurant …

Dieses Restaurant! Es ist das Hauptquartier aller Gerüchte und Vermutungen, aller Kombinationen, die niemals wahr sind, aller Aufregungen und Beschwichtigungen. Da sitzt man in aller Ruhe – hübsch nach Parteien getrennt, lässt sich von seinem Stammkellner bedienen, trinkt seinen Kaffee, raucht seine Zigarre und schmiedet Pläne. Da lanciert man alle erdenklichen Namen als Kanzlerkandidaten, vorausgesetzt, dass ein Journalist am Tisch sitzt, denn sonst hat die Sache doch keinen Wert, da setzt man Möglichkeiten und Unmöglichkeiten auseinander und wartet auf die nächste Fraktionssitzung, damit man weiß, wie man sich eigentlich verhalten soll. Denn der einzelne Abgeordnete hat nur in den allerseltensten Fällen eine politische Meinung. Die Meinung hat die Partei …

Im Restaurant

Da sieht man plötzlich die hohe Gestalt Hermann Müllers sich erheben und verschwinden.

Wohin geht er?

Ein Dutzend Leute fragen sich dasselbe. Einige Beherzte gehen ihm nach, aber Herr Müller ist sehr verschwiegen, und es ist mehr als schwer, aus ihm etwas herauszuholen. Man sieht nur, dass sich ihm der massige Otto Wels angeschlossen hat, man muss sich also wieder setzen, und man kann sich in die schönen Wappen der deutschen Dynastien vertiefen, die ein offenbar sehr begabter Künstler in allen Farben des Herrgotts an die Wand gemalt hat, bis ein aufgeregter Mensch kommt und verkündet: »Hermann Müller ist zum Reichspräsidenten gefahren!«

Reichsminister Dr. Stresemann

Man stürzt hinaus und begegnet Außenminister Stresemann, der mit seinem Sekretär, dem jungen Henry Bernhard, und seinem Leibjournalisten, Herrn Josef Reiner, in einer Ecke steht und die politischen Informationen diktiert, die in anderthalb Stunden – mit einer entsprechend fetten Überschrift – die erste Seite des »8-Uhr-Abendblattes« zieren werden. Stresemann ist voller Gemütsruhe, wie meistens, er ist kaum aus der Fassung zu bringen. Früher hat man ihn auch anders gesehen … aber diese Zeiten sind vorbei. Seitdem er den Friedenspreis erhalten hat und seinen Namen für die Weltgeschichte gesichert weiß, ist er der Einzige unter den deutschen Staatsmännern, der wirklich immer einen kühlen Kopf bewahrt.

Der Einzige, der kühlen Kopf bewahrt

Auch Witze werden gemacht. So fragt man einen hohen Beamten des Reichsfinanzministeriums, wer wohl der neue Minister sein wird. Er winkt resigniert mit der Hand. »Gott weiß es allein«, meint er. »Ich weiß nur, dass man sich bei uns bald nicht mehr die Namen der Chefs merken kann … so schnell wechseln sie …«

In einer Ecke sitzt Frau Katinka von Oheimb, die jetzt nur noch als Gast hier erscheint. Sie hat stets Konfekt bei sich. Jetzt auch. Sie unterhält sich mit einem bekannten Journalisten. Die Konfektschachtel steht auf dem Tisch und der Mann von der Presse greift öfters danach, denn er muss sich stärken. Als sie sich verabschieden, ist die Schachtel leer. Dafür weiß aber Frau von Oheimb jetzt ganz genau, was sich nicht ereignen wird …

Die Macht des Konfekts

Plötzlich, ein ohrenbetäubender Lärm. Klingeln rasseln und die Megaphone tuten. Abstimmung. Man eilt in den Saal.

Dort thront Herr Löbe auf der Präsidentenestrade mit jener unbeschreiblichen Würde, die nur eine ganze Persönlichkeit zu verleihen vermag. Der kleine dunkle Mann mit der großen Brille, der in Zivil ganz unbedeutend aussieht, wächst in dem Augenblick, wo er oben auf der Estrade sitzt, zu einer Personifizierung des parlamentarischen Geistes. Noch niemals hat der deutsche Reichstag einen solchen Präsidenten gehabt, einen, der in jeder Lage, auch in der schwierigsten, die Würde des Parlaments zu wahren ver-

Reichstagspräsident Loebe

steht und immer, selbst bei der allerheikelsten Gelegenheit, die richtigen Worte findet.

Der Plenarsaal ist halbvoll. Was dem Laien zuerst auffallen wird, ist wohl die Tatsache, dass an verschiedenen Plätzen ein großer Stapel von Drucksachen auf dem Tisch liegt, während an den anderen Plätzen dieselben Drucksachen auf dem Boden liegen. Diese Lage der Drucksachen ist aber für den erfahrenen Parlamentsbesucher sehr wichtig, denn daraus kann man ersehen, ob der Volksvertreter, dem der fragliche Platz gehört, schon im Saale war oder nicht. Liegen die Drucksachen noch hübsch ordentlich auf dem Tisch, so war der Herr Volksvertreter noch nicht da. Liegen sie aber auf dem Fußboden, so war er bereits anwesend. Ein ungeschriebenes Gesetz des Reichstags gebietet nämlich allen Abgeordneten, die Drucksachen nach erfolgter Lektüre auf den Fußboden zu werfen.

Das Aufheben von Drucksachen ist verboten

Rechts vom Präsidenten, etwas tiefer, breiten sich die Bänke der Regierung aus. Dort sitzen die Minister und Staatssekretäre, während die Seite links von der Präsidentenestrade für die Vertreter der anderen Reichsbehörden sowie für die Reichsratsmitglieder vorbehalten ist. Bei großen Sitzungen sind alle Bänke voll, aber nur wenn der Kanzler oder einer der favorisierten Minister spricht. Sonst kann man dort lediglich die diensthabenden Regierungsvertreter sehen, die aufpassen müssen, ob nicht irgendwelche Fragen gestellt werden, die man beantworten muss. Dicht unterhalb der Rednertribüne in einem kleinen Raum mit vier Schreibmaschinen sitzen die Leute, die jedes Wort, das hier ausgesprochen wird, festhalten – die Stenographen des Parlaments.

Die Regierung

Es ist kein leichter Dienst, Parlamentsstenograph zu sein. Während der zehn Minuten, die jeder Stenograph aufzunehmen hat – dann überträgt er das Aufgenommene in Schreibmaschinenschrift –, ist er das Ohr von 60 Millionen Deutschen und der ganzen Welt. Er darf kein Wort dessen verlieren, was dort oben gesprochen wird (obwohl es manchmal wirklich nicht wichtig ist), und zehn Minuten lang führt seine Hand den Bleistift im wahrsten Sinne des Wortes für die Weltgeschichte. Der Stenograph ist aber nicht nur ein Beamter, der jedes gesprochene Wort treu aufnimmt, er ist für jene Abgeordnete, die ihres Stiles nicht ganz sicher sind, eine ganz besonders wichtige Persönlichkeit, denn er hat in vielen Fällen auch die schwere Aufgabe, die sogenannten »Stilblüten« zu beseitigen.

Heiterkeit rechts

Wenn da jemand sagt: »Dieser Grund ist grundlos«, was schon öfters vorgekommen ist, so fragt der Stenograph nicht viel, sondern er schreibt: »Dieser Grund ist nicht stichhaltig ...« und er hat sich um einen Volksvertreter verdient gemacht. Oft wissen natürlich die Abgeordneten, dass sie eine Stilblüte von sich gegeben haben – sie merken es an der Heiterkeit, die einer Stilblüte folgt – und kommen dann nach der Sitzung in das stenographische Büro hinunter, um ihre Rede zu korrigieren, was auch sehr nötig ist, denn die Wähler würden sich manchmal sehr wundern, wenn sie unkorrigiert lesen würden, was ihr Vertreter gesagt hat. Sagte doch einmal der Abgeordnete Stökker: »Als die Wellen der Revolution emporloderten …«, worauf allgemeine Heiterkeit entstand. Herr Stöcker ließ sich aber nicht beirren und ripostierte: »Sie lachen … Ja, das Lachen ist ja das Amen und Omen Ihrer ganzen Politik …«

Parlamentarische Stilblüten

Es gibt leider noch immer keine Sammlung der parlamentarischen Stilblüten. Nur ein paar alte Parlamentsjournalisten und der witzige Abgeordnete Dr. Moses haben einige gesammelt. So sagte einmal ein Kultusminister im preußischen Landtag: »Die Universitäten sind wie ein rohes Ei. Wenn man sie anfasst, stellen sie sich gleich auf die Hinterbeine …«

Dagegen meinte ein Sozialist: »Meine Herren! Die Lokomotivführer stehen mit einem Fuß im Zuchthaus und mit dem anderen nagen sie am Hungertuch …«

Und ein Deutschnationaler äußerte: »Der Völkerbund ist nur dazu da, die Giftzähne von Sowjetrussland auf die Beine zu stellen …«

Während ein Demokrat Folgendes von sich gab: »Der Geist Helfferichs ist der nackte Pferdefuß, welcher am Mark des deutschen Volkes nagt …«

Und ein Zentrumsmann sagte einmal: »Die Vermehrung der Bevölkerung auf dem flachen Lande vollzieht sich auf eine ganz natürliche Weise. Ich werde Ihnen gleich zeigen, wie …«

Glücklicherweise hat er es nicht gezeigt.

Ganz links oben befindet sich die Pressetribüne. Auch ihr

Bild wechselt, genauso wie das Bild des Sitzungssaals. Plätschert die Debatte unten wie gewöhnlich, so halten auf der Pressetribüne nur die Stenographen der Blätter Wacht, während die Redakteure in dem Restaurant debattieren. Spricht aber der Kanzler, so ist die Tribüne so voll, dass man sich nicht bewegen kann. Dann sind all die Leute hier, die das Verbindungsglied zwischen Volksvertretung und Volk darstellen – die Chefredakteure der großen Blätter, die Leitartikler, die Parlamentskorrespondenten, von denen in anderen Ländern jeder den Marschallstab des Abgeordneten in der Aktentasche tragen würde, was aber in Deutschland nicht der Fall ist, da es hier nur verhältnismäßig selten vorkommt, dass ein Journalist als Kandidat aufgestellt wird. Eigentlich ein Kardinalfehler der deutschen Parteipolitik. Denn Theodor Wolff oder Georg Bernhard hätten ihren Platz mit viel mehr Berechtigung im Parlament als mancher, der dort unten sitzt. So sitzen sie aber hier oben, mit ihren Stäben und folgen der Schlacht, die unten tobt. Hinten in den Arbeitsräumen rasseln die Schreibmaschinen; die Vervielfältigungsapparate der parlamentarischen Nachrichtenbüros verbreiten fünfzehn Minuten später, nachdem der Redner unten geendet hat, seine Worte, die Telefone klingeln – München, Wien, Erfurt, Budapest, Paris, Königsberg, Kopenhagen und Prag melden sich, die Atmosphäre ist mit Spannung geladen – mit einer

Die Pressetribüne

Chefredakteur Theodor Wolff

Die Chefredakteure

Spannung, die nicht selten viel höher ist, als jene, die unten im Saale herrscht, und am Schalter des kleinen Telegraphenamts im Reichstag liefern amerikanische Korrespondenten Kabeldepeschen von zweitausend Worten auf …

Aber der Reichstag hat auch andere Einrichtungen, von denen nur der wirkliche Kenner weiß. Abgesehen von den verschwiegenen Fraktionszimmern im zweiten Stock, wo der berühmte »Kuhhandel« vor sich geht und wo alle intimen parlamentarischen Entscheidungen getroffen werden, abgesehen von den Arbeitszimmern der Abgeordneten, wo man so gemütlich schlafen kann – für die Herren Volksvertreter ist auch in anderer Hinsicht wohl gesorgt.

Der Kuhhandel

Der Reichstag hat seinen eigenen Friseur, er hat Badeanstalten, Turnsäle und Zanderapparate, wo man sich elastisch und schlank erhalten kann, und wenn jemand einen Blick ins Kellergeschoß wirft, kann er manchmal irgendeinen berühmten parlamentarischen Kämpen gerade dabei erwischen, wie er an der Rudermaschine arbeitet oder aber sich im Sattel eines Maschinenrosses bemüht, einige Pfunde abzugeben. Und wenn erst das Reichstagshotel gebaut werden wird, das ja ein alter Wunsch der Volksvertreter ist, dann wird es wirklich eine Lust, Abgeordneter zu sein …

WO ISST MAN IN BERLIN?

Teure Menüs – Gute Gaststätten –
Wo E.T.A. Hoffmann und Heinrich Heine speisen.

Ja – wo isst man in Berlin? Wo kann man gut, und wo kann man billig essen?

Ich weiß, dass es nicht leicht sein wird, diese Frage zu beantworten. Ich weiß auch, dass es unter den hoffentlich zahlreichen Lesern dieses Buchs viele geben wird, die schon bei der Lektüre der einleitenden Zeilen dieses Kapitels ungläubig lächeln werden, da sie von vornherein überzeugt sind, dass man in Berlin weder gut noch billig essen kann – besonders wenn sie aus Wien oder Budapest kommen, wo ja der Horror vor der Berliner Küche sozusagen zum guten Ton gehört. Ich weiß sehr gut, dass man in der Welt allgemein keine besondere Meinung von der Berliner Küche hat, und ich gebe zu, dass in vielen Berliner Restaurants – leider in sehr vielen – sowohl die Küche wie auch Bedienung und Behandlung des Gasts recht viel zu wünschen übrig lässt. Aber trotzdem – ich wage es zu behaupten, dass man auch in Berlin gut essen kann.

Der Horror vor der Berliner Küche

Selbstverständlich – ich möchte es gleich vorwegsagen – erhebt dieses Kapitel meines Buchs keinerlei Ansprüche auf Vollständigkeit. Ich will mit keinem Wort behaupten, dass man nur dort gut essen kann, wo ich bereits einmal gut gegessen habe, denn so etwas zu behaupten, wäre angesichts der bekannten Verschiedenartigkeit des Geschmacks sozusagen eine

Vermessenheit. Es ist sehr leicht möglich, dass es außer den Stätten, die hier erwähnt werden sollen, auch noch andere gibt, wo man sich ohne Magenverstimmung erquicken kann – ich bestehe nur darauf, dass all die Lokale, die hier aufgezählt werden, dem Fremden sowohl in Hinsicht auf die Güte ihrer Küche als auch in Hinsicht auf ihre Preise mit gutem Gewissen empfohlen werden können.

Es fragt sich freilich, wie man sein Reisegeld bemessen hat – aber auch für den Reisenden, der sich einrichten muss, hat Berlin gute Gaststätten.

Menü oder à la carte?

Der Reisende, der nicht sparen will und nicht zu sparen braucht, kann sich vor allem in jedem großen Hotel seelenruhig an den Tisch setzen. Er wird gut und reell bedient. Die meisten großen Hotels verabreichen Menüs, die aus vier oder fünf Gängen bestehen und je nachdem 3,50 M. bis 5,50 M. kosten. Die Portionen sind reichlich, und da heutzutage kein Berliner Hotel mehr den Weinzwang kennt, so kann man für 5 bis 8 Mark in jedem Hotelrestaurant gut essen. In den Hotels wird überall französische Küche geführt, und wer in der amtlichen Sprache der Küchenchefs nicht ganz firm ist, der wird manches Mal den Kellner fragen müssen, wenn er auch wissen will, was er serviert bekommt. Der wird ihn dann darüber aufklären, dass Tournedos à la Rossini ein Stück Filet ist, mit einer Scheibe Gänseleber, einer Trüffelscheibe und einem Champignonkopf, mit Madeirasauce übergossen, also eine sehr appetitliche Angelegenheit, während das Wort »St. Germain« auf der Menükarte stets grüne Erbsen und die Bezeichnung »Princesse« stets Spargel bedeutet. Wie wichtig diese Kenntnisse übrigens sind, beweist die Tatsache, dass der Küchenchef des ADLON neulich einen ausgewachsenen Zeitungsartikel darüber losgelassen hat und sich mit der Absicht tragen soll, ein Wörterbuch für Feinschmecker zu schreiben. Dann müsste man aber für Leute, die die Weine nicht nach dem Namen, sondern nur nach Geschmack kennen, auch ein entsprechendes Wörterbuch schreiben, denn nicht jeder kann in dieser Kunst so versiert sein wie der alte Weinkellner Dennecke des Hotels BRISTOL, den die nicht eingeweihten Gäste ob seines Aussehens mit einem Diplomaten verwechseln könnten. Im Bristol kann man übrigens beim Mittagessen die halbe diplomatische Welt antreffen, und abends sieht man sehr oft Reichsminister Dr. Stresemann oder den französischen Botschafter de Margerie mit ihren Gattinnen.

Die Qual der Wahl

Kleine Restaurants mit großen Namen

Neben den großen Hotels gibt es aber in Berlin auch eine ganze Reihe von Restaurants, die gleichfalls sehr gute französische Küche führen, alles in Butter braten und sowohl an Küche wie auch an Preisen den Hotels durchaus ebenbürtig sind. Da ist das RESTAURANT PELTZER mit seinem Grillroom in der Neuen Wilhelmstraße, ganz in der Nähe der Straße Unter den Linden, wo viele Sportsleute, Finanzgrößen und Börsenmagnaten verkehren. Peltzer hat auch eine sogenannte

»Prinzenecke«, wo man die vier Hohenlohes bewundern kann: August, Kraft, Waldemar und Max Hugo, assistiert von den Prinzen Reuss und Ratibor, während ihnen gegenüber am anderen Tisch die Hochfinanz sitzt: Mendelssohn-Bartholdy, Herbert Gutmann und Georg Helfft. Nicht weniger empfehlenswert sind auch das altbekannte RESTAURANT HILLER UNTER DEN LINDEN, ferner das RESTAURANT KANNENBERG in der Dorotheenstraße, das jetzt eine Filiale im Westen eröffnet hat und die WEINSTUBEN VON BORCHARDT in der Französischen Straße, die zu den ältesten, vornehmsten und besten Gaststätten in Berlin gehören und von einem ausgezeichneten Publikum besucht werden, in der Hauptsache von der Hochfinanz und von den großen Indus-triellen und Kaufleuten.

Hier speist die Hochfinanz

Gute Restaurants dieser ersten Klasse findet man auch im Westen, wo neben dem Restaurant des EDENHOTELS und des HOTELS HESSLER vor allem das RESTAURANT HORCHER erwähnt werden muss. Horcher gehört zu den sehr wenigen Berliner Restaurants, die man mit den berühmtesten Gaststätten von Paris durchaus vergleichen kann. Was Ciro für Paris bedeutet, bedeutet etwa Horcher für Berlin. Ein kleines, vornehmes Restaurant, ohne Musik, wo man nicht nur gut essen kann, sondern – was in Berlin so selten ist – auch völlig individuell bedient wird. Bei Horcher stehen auf der Speisekarte keine Preise, er ist aber kaum teurer als die großen Hotels und bietet ausgezeichnete Küche. Dafür verkehrt bei ihm denn auch eine ausgewählt gute Gesellschaft. Während Peltzer ein Lokal ist, wo man vor allem zu Mittag speist, geht man zu Horcher meist abends. Dann kann man dort den früheren Minister Kühlmann sehen, Industriekapitäne aus dem Westen, berühm-

Fast so gut wie in Paris

Bergner, Tauber und die Austern

te Schauspieler, und es wird gewiss Leute geben, denen der Braten besser schmeckt, wenn sie sehen, dass am Nebentisch Elisabeth Bergner sitzt, oder Richard Tauber seine Austern schlürft. Auch Fritzi Massary und Pallenberg sind bei Horcher Stammgäste, ebenso wie Mia May, die als berühmte Köchin der Horcher'schen Küche sachverständige Anerkennung zollt. Hier verkehrt auch die Prinzessin von Sachsen-Altenburg, die Deutschlands schönste Perlen besitzen soll, Maler wie Arthur Kampff und Orlik, der Operettenkönig Oscar Straus, Dichter wie Werfel und Hans Heinz Evers, und viele, viele andere Leute, die in einem Restaurant weder Jazzmusik noch Charleston suchen wollen. Sie werden von Horcher alle sehr freundlich begrüßt, denn Horcher kennt alle seine Stammgäste persönlich, er kennt auch ihren Geschmack, und der Koch Poncini bekommt dann von dem Oberkellner Martius – dem einzigen Berliner Kellner, der ein eigenes Auto hat – besondere Weisungen für einen jeden Gast, denn es gibt Leute, die den Salat mit Senf angemacht haben wollen, während andere Gäste Zitrone und Zucker bevorzugen. Bei Horcher wird jedes Gericht sozusagen mit Liebe serviert.

Etwas billiger – die Weinstuben

Zwischen den teuersten Berliner Restaurants und zwischen denen der nächsten Klasse besteht kaum ein nennenswerter Unterschied. Die nächste Klasse ist etwas billiger, aber im Grunde genommen nicht schlechter. Hierher gehören eine ganze Reihe von kleinen Weinstuben wie das SCHWARZE FERKEL in der Dorotheenstraße, wo während des Kriegs die Offiziere des Großen Generalstabs speisten, und wo jetzt die politische Welt zu Hause ist, das RESTAURANT LÖFFLER in der Kanonierstraße, wo man für drei Mark ein sehr gutes Menü bekommen kann, das RESTAURANT LOEBELL in der

Friedrichstraße, eine Hochburg der Filmindustrie, MITSCHER UND CASPARY, wo die Leute von der Oper und die Musikerkreise Berlins verkehren, dann auch die altberühmten WEINSTUBEN VON LUTTER & WEGNER in der Charlottenstraße, die sich durch den Dichter E. T. A. Hoffmann einen unvergänglichen Platz in der deutschen Literaturgeschichte erobert haben. Lutter und Wegners Weinstuben haben die berühmtesten Männer der deutschen Literatur und des deutschen Theaters gesehen.

Hier speist E.T.A. Hoffmann

E. T. A. Hoffmann saß hier mit Ludwig Devrient, Heinrich Heine war hier alltäglicher Gast, Gustav Freytag, Theodor Döring, Matkowsky und Kainz waren Stammgäste in diesem Lokal, das ihr Andenken bis heute treu bewahrt hat. Der Hoffmann-Keller, der Devrient-Saal, das Matkowsky-Zimmer werden nur noch aus besonderen Anlässen benutzt. Handzeichnungen von E. T. A. Hoffmann hängen an den Wänden, und der alte Ausschenker Ferdinand, der über dreißig Jahre in diesem Hause tätig ist, kann von vielen Leuten erzählen, die seitdem in eine andere Welt hinübergewandert sind, wo es keine fröhlichen Zecher mehr gibt.

Gut essen im Westen

Eine ganze Reihe von ausgezeichneten Weinstuben und Restaurants, in denen man für 3 bis 5 Mark essen kann, gibt es im Westen. Das REGINAHAUS am Kurfürstendamm, die RESTAURANTS SCHWEIMLER, BRECHLER und TÜRKE, AUSTERNMEYER – das aber seinen eigentlichen Charakter als Austernlokal vollkommen verloren hat –, TRARBACH in der Kantstraße, sind alle empfehlenswert. Das kleine RESTAURANT SCHWANNECKE in der Rankestraße, das in dem Kunstleben Berlins eine große Rolle spielt, wird in einem anderen Kapitel dieses Buchs behandelt, aber es soll nicht vergessen werden, auf ein anderes Künstlerlokal hinzuweisen, nämlich auf das RESTAURANT MUTZBAUER in der Marburger Straße, das vom Theaterpublikum besucht wird und besonders gut und billig ist. Wer gern in ein großes Restaurant geht, wo es viele Menschen gibt, wen das andauernde Kommen und Gehen nicht stört, wer also nicht Wert darauf legt, seinen Happen in Ruhe und Abgeschiedenheit zu verzehren, wer nur gut und auch recht billig essen will, der soll ruhig zu KEMPINSKI gehen, der jetzt schon zwei Riesengeschäfte in Berlin sein Eigen nennt und bald auch ein drittes besitzen wird. Kempinski bietet für verhältnismäßig billiges Geld eine ausgezeichnete Küche, und wer eine gute Flasche Wein trinken will, wird bei ihm auch diese finden. Das RESTAURANT RHEINGOLD kann sich an Größe ebenfalls mit Kempinski messen, während das RESTAURANT TRAUBE eine gute Küche hat, aber an Größe nicht im Geringsten dem Kempinski'schen Riesenbetrieb nahekommt.

Nach dem Theater

Bierrestaurants

An guten Bierrestaurants können empfohlen werden: der HEIDELBERGER in der Friedrichstraße, ein Lokal, das jeder Berliner kennt, ferner die PSCHORRRESTAURANTS, das SIECHENHAUS, die sehr gut geleiteten TONNDORFBETRIEBE, die auch eine sehr schmackhafte Küche führen, und die neuen Restaurants PISCATOR, UHLANDECK und PATRIZIER am Kurfürstendamm. Nicht zu vergessen ist aber das RESTAURANT LAUER in der Neuen Wilhelmstraße, ein kleines, aber ausgezeichnetes Lokal, wo sehr viele Geschäftsleute, die in der Nähe arbeiten, zu Mittag speisen, und das noch als besondere Berühmtheit die Tatsache aufzuweisen hat, dass es dem Schwiegervater des deutschen Exboxchampions Hans Breitensträter gehört.

Nun kommen wir zu den Restaurants, die man als Spezialitäten betrachten und werten muss. Solche Spezialhäuser wie das Pariser Restaurant Prunier, dieses Haus der Fische, Austern und Hummern, gibt es in Berlin freilich nicht. Aber eben weil die Berliner Küche im Allgemeinen so verrufen ist – ich behaupte wieder, mit Unrecht – gibt es eine ganze Reihe von Restaurants, die fremde Küche führen und sehr gutes Essen bieten. Wer also russisch essen will, der begebe sich in die Motzstraße zu FÖRSTER oder in die Neue Bayreuther Straße zu MEDVJED, welches barbarische Wort zu Deutsch »Eisbär« bedeutet. Da er sich auf der Speisekarte bestimmt nicht zurechtfinden wird, so soll es ihm gesagt sein, dass er einen »Borschtsch« bekommen kann, nämlich eine saure Krautsuppe, die ausgezeichnet schmeckt, ferner »Blini«, das sind kleine Eierkuchen mit Creme, oder ein Geflügelkotelett, das eine sehr fein ausgeklügelte Sache ist, aber nicht näher beschrieben werden kann, da seine Herstellung ein Fabrikationsgeheimnis darstellt. Wer dagegen ungarische Kost liebt, besuche die WEISZ CSÁRDA in der Kommandantenstraße, wo er die herrlichsten Paprikafische, Gulaschsuppen und Gänseleber (in eigenem Fett gebraten) genießen kann. Es gibt auch andere ungarische Restaurants in Berlin, aber Weisz steht außer Konkurrenz.

Spezialhäuser

Russisch

Ungarisch

Wiener Restaurants gibt es eine ganze Menge, aber die wenigsten haben mit der Wiener Küche etwas zu tun. Richtig Wienerisch, mit Häuptelsalat, Backhendel, Tafelspitz und Buttererdäpfel wird in dem Wiener BURGRESTAURANT gekocht, wo die meisten in Berlin weilenden Wiener speisen und die Küche ganz genau kontrollieren. Italiener werden im Restaurant AIDA in der Kurfürstenstraße oder in dem anderen italienischen Restaurant VENEZIA in der Lutherstraße ihre

Wienerisch

Italienisch

Lieblingsspeisen und auch ihre heimatlichen Weine vorfinden, während es die Spanier schon erheblich schwerer haben, da es in Berlin nur ein einziges spanisches Restaurant gibt und das auch ziemlich schwer aufzufinden ist. Selbst für ganz exotische Küchen ist gesorgt – es gibt auch ein chinesisches und ein japanisches Restaurant. Früher speisten Japaner und Chinesen friedlich beisammen, aber seitdem sie in Asien in Feindschaft miteinander leben, können sie sich auch in Berlin nicht vertragen und haben sich getrennt. Das chinesische Restaurant befindet sich jetzt in der Kantstraße, während das japanische in der Augsburger Straße ist. Beide werden in der Hauptsache von Studenten besucht, aber es finden sich dort auch zahlreiche Europäer ein, die auf die Geheimnisse der asiatischen Küche gespannt sind. Haifischflossen und Schwalbennester kann man allerdings nicht vorfinden – angeblich, weil sie nicht transportabel sind – und auch die berühmten Maikäferpasteten nicht, dafür kann man aber bei den Chinesen ein »Tschau mein« bekommen, ein Gericht aus weißem Hühnerfleisch und feingekochten Nudeln oder ein »Choa Lo Ly«, das heißt Schweinsfilet mit Morcheln, die sich auch jeder europäische Gaumen gefallen lassen kann.

Asiatisch

Koscher

Diese Liste wäre jedoch vollkommen unzulänglich, wenn ich vergessen würde, BERG anzuführen. Berg ist ein rituelles Restaurant, also eine koschere Angelegenheit. Aber dieses Restaurant, das sich in der Charlottenstraße befindet, wird nicht nur von jenen Leuten besucht, die koscher essen wollen, sondern auch von sehr vielen Leuten, die gut essen wollen, denn Berg führt wahrhaftig eine ausgezeichnete Küche.

Und Aschinger? ASCHINGER ist in Berlin ein Begriff – so etwa wie Lyons in London, oder Duval in Paris. Aschinger hat einige Dutzend Bierquellen in Berlin, wo man für sehr billiges Geld verhältnismäßig ganz gut essen kann, und es hat neben diesen Bierquellen noch sehr enge Beziehungen zu einer Reihe von großen Hotels und Restaurants.

Gut essen für 3–4 Mark

In allen mittleren Berliner Restaurants, die ich hier angeführt habe, kann man für 3 bis 4 Mark sehr anständig essen, in manchen freilich noch viel billiger. Es gibt aber eine ganze Reihe von bürgerlichen Restaurants, wo man schon für 1,25 oder 1,50 Mark ein Gedeck bekommt. Nur dass ihm dort freilich meistenteils der ortsübliche Sauerbraten vorgesetzt werden wird, mit einer Generalsauce von unbestimmbarer Farbe übergossen, ferner jenes Flammerie, das eine Speise sein soll, aber für den Nichtberliner sein Leben lang nur ein zittriges Etwas bleiben wird, an das er voller Schrecken zurückdenkt.

Die Berliner Speisekarte

Apropos Speise ... »Speise« bedeutet auf der Berliner Menükarte so viel wie Mehlspeise, und damit komme ich zu einer neuen Aufgabe, nämlich zur Erklärung der Berliner Speisekarte, die für die meisten Fremden auch dann einige Geheimnisse aufweisen wird, wenn sie nicht französisch, sondern deutsch abgefasst ist. Wie bereits eingangs gesagt, bedeutet »Flammerie« ein zittriges Etwas, aus Grieß, oder Vanille, Backpulver und Gelatine bestehend, und »Speise« soll so etwas bedeuten wie etwa auf der Wiener Speisekarte die Mehlspeise, nur dass die Berliner Mehlspeise sich durch die vollkommene Abwesenheit von Mehl und Eiern auszeichnet. Eine »Stulle« ist mit einem belegten Brötchen gleichbedeutend, und eine »Weiße« ist ein Glas Bier mit Kohlensäurezusatz, ein beliebtes Berliner Getränk, das im Sommer sehr erfrischend ist und meistens mit einem Schuss Himbeer genossen wird. Das Kipfel heißt in Berlin »Hörnchen«, ebenso wie das Nachtmahl hier »Abendessen«

Schorle-Morle und Eisbein

heißt und der Schlagobers den Namen »Schlagsahne« trägt. Eine »Schorle-Morle« – weiß oder rot zu haben – bedeutet einen Gespritzten, nämlich Wein mit Sodawasser, und ein »Eisbein« ist ein gebeiztes und geräuchertes, schließlich aber geschmortes Schweinebein, das mit Sauerkraut und. Erbsenpüree zu den wenigen Spezialitäten der Berliner Küche gehört, die es eigentlich verdienen würden, in weitestem Umkreis bekannt zu werden. Erwähnenswert ist auch der Unterschied zwischen »Kaffee« und »Mokka«. Kaffee ist nämlich die verwässerte Ausgabe des Mokka – ein Unterschied, der in den meisten Berliner Lokalen nur im Preis wahrnehmbar wird, oder aber darin, dass der Kaffee in Tassen, der Mokka aber in Kännchen serviert wird.

Cafés und Konditoreien

Die Cafés nehmen im Berliner Leben – von einigen Künstlercafés, Schauspielercafés und von Cafés, in denen schwunghafter Handel mit allerlei Sachen betrieben wird, abgesehen – lange nicht diejenige wichtige Stellung ein wie das in Wien oder Budapest der Fall ist, und der Berliner, der am Nachmittag weder Musik hören noch tanzen will, sucht lieber eine Konditorei auf, etwa KRANZLER oder HILLBRICH in der Stadt, RUMPELMAYER, JESTER oder die sehr beliebte Konditorei WIEN im Westen. Einen guten Kaffee erhält man aber nur, wenn man eine »Melange« bestellt. Irgendwie schlägt da dem Berliner Kaffeekoch das schwarze Kaffee-Gewissen, und man bekommt dann wirklich einen echten aromatischen Sahne-Kaffee serviert.

Die Russen haben freilich auch ihre eigene Konditorei – die Konditorei RUSCHO am Kurfürstendamm, wo sie alle die Süßigkeiten genießen können, mit denen sich einst die Konditoreien von Petersburg oder Warschau ausgezeichnet haben.

Tanz-restaurants

Wer am Abend ein Tanzrestaurant aufsuchen will, dem seien die Restaurants VALENCIA und BARBERINA im Westen empfohlen, das PAVILLON MASCOTTE in der Behrenstraße, das nicht nur ein elegantes Tanzlokal, sondern auch ein sehr elegantes und gutes Restaurant ist, oder auch das PALAIS AM ZOO. Diese beiden letztgenannten Tanzrestaurants stehen ungefähr auf dem Niveau von Florida oder Perroquet in Paris. Besondere Aufmerksamkeit verdient das elegante und sehr schöne Restaurant VILLA D'ESTE in der Hardenbergstraße, in einer kleinen Villa, in der früher ein Künstlerklub beheimatet war. Dieses Restaurant hat auch einen sehr schönen Garten und bietet besonders im Sommer sehr angenehmen Aufenthalt. Sonst wird in den eleganten Restaurants in Berlin, mit Ausnahme der Hotels, am Abend fast nirgends getanzt.

UM FÜNF UHR NACHMITTAGS …

König Charleston regiert – Fünf-Uhr-Tees – Tango, Jazz – Die besten Kapellen.

Um fünf Uhr nachmittags beginnt auch in Berlin die Herrschaft des Königs Charleston, dem augenblicklich höchstens der Tango den Herrschertitel streitig zu machen vermag. In dieser Hinsicht steht Berlin den anderen westlichen Großstädten Europas gewiss nicht im Geringsten nach. Fünf-Uhr-Tee mit Tanz ist auch hier Trumpf und selbst die ältesten und vornehmsten Hotels mussten sich danach umstellen, wenn sie nicht hinter der Konkurrenz zurückbleiben wollten. Es gibt freilich eine ganze Masse Lokale, in denen man am Nachmittag tanzen kann, aber ihre Zahl ist doch erheblich geringer als in Paris. Teelokale, die nicht in der Stadt liegen und am Nachmittag trotzdem eine zahlreiche und elegante Gesellschaft zum Tee und Tanz vereinigen, wie Chateau de Madrid, Pré Catalan oder Pavillon d'Armenonville, gibt es in Berlin überhaupt nicht, denn es gibt ja auch keinen Wagenkorso, den man mit einer Tasse Tee in diesen Lokalen beschließen könnte. Hier kommen also eigentlich nur einige große Hotels und ein paar vornehme Tanzstätten in Betracht, die ihre Pforten bereits am Nachmittag öffnen, und es gibt im Grunde genommen nur sehr wenige, in denen eine wirklich gute Gesellschaft verkehrt. Das liegt zum Teil auch daran, dass die gute Gesellschaft in Berlin sich noch nicht rückhaltlos zum Nachmittagstanztee

Teelokale

bekannt hat. Das hat seinen Grund in der noch immer strengen Kastenscheidung der Berliner Gesellschaft, die nicht wie die Wiener oder Pariser Gesellschaft jedem Mann und jeder Frau von Geist oder Genie offensteht. Man wird vergebens in ihr nach Dichtern oder großen Künstlerinnen suchen, nein: Die Berliner Gesellschaft gliedert sich in verschiedene Kreise je nach der Höhe des Vermögens und Einkommens. Und mit dem Verlust des Vermögens hat jeder noch immer den Verlust seines gesellschaftlichen Rangs zu beklagen gehabt. Ich weiß nicht, auf welche geheimnisvolle Weise die Verbindung zwischen dem Steuerfiskus und den Gesellschaftsklassen hergestellt wird, aber verkehrt jemand in einer bestimmten Gesellschaft, so kann man auch sagen, wie viel Steuern er bezahlt, oder wenigstens bezahlen soll. Nur die Aristokratie macht hier eine Ausnahme, sie hat ihren eigenen exklusiven Verkehr.

Berliner Kastenscheidung

Nun ist aber der Fünf-Uhr-Tee in den großen Hotels nicht etwa wie die Soupers oder die Galadiners derselben nur demjenigen zugänglich, der eine wohlgefüllte Brieftasche sein Eigen nennt – im Gegenteil. Die Fünf-Uhr-Tees sind besonders die Domäne des Mittelstands geworden, jener Zahlreichen, die auch die großen eleganten Hotels sehen möchten, die gerne dort sich unterhalten und tanzen wollen und dabei doch nicht viel Geld ausgeben möchten oder können. Denn mit 3 bis 5 Mark höchstens kann man auch in den vornehmsten Lokalen Berlins nachmittags anwesend sein. Ich möchte den Fünf-Uhr-Tee die Nachmittagsvorstellung der Gesellschaft zu kleinen Preisen nennen. Und darum fehlt dabei auch die wirklich große Gesellschaft Berlins meistens vollständig.

Der Fünf-Uhr-Tee

Wer also mit möglichst geringen Mitteln ein elegantes Lokal mit schönen Frauen aufsuchen will, der gehe zu einem Tanztee

– und das Gleiche tut auch jede Frau, die sich in Berlin nachmittags allein fühlt oder langweilt. Denn die Frauen sind bei den Berliner Tanztees in einer großen Majorität – im Gegensatz zu London oder Paris. Das kommt daher, dass Berlin eine Arbeitsstadt ist, in der mit einer Intensität gearbeitet wird wie in keiner anderen Großstadt Europas. In London ist seit hundert Jahren die Sitte des Fünf-Uhr-Tees üblich, die bei uns jetzt erst in den letzten Jahren aufgekommen ist, denn früher gab es hier nur die aus den Fliegenden Blättern wohlbekannten Kaffeekränzchen der Damen. Aber in London ist auch um 5 Uhr überall Arbeitsschluss, während in Berlin um diese Zeit noch jedermann am Schreibtisch sitzt. Und Leute, die nur zu ihrem Vergnügen leben, wie dies in Paris und in Wien so vielfach der Fall ist oder war, fehlen in Berlin fast vollständig. So sieht man denn an den Tischen meistens Damen sitzen, die sehnsüchtig den tanzenden Paaren zuschauen.

Tanztees in der Arbeitsstadt

Wer ohne Tanz den Tee einnehmen will, wird dies am besten im Hotel BRISTOL tun. Es ist dies das einzige Hotel, in dem am Nachmittag nicht getanzt wird. In allen anderen Hotels: im Adlon, Eden, Esplanade, Kaiserhof und Excelsior kann man in ruhiger Weise den Tee nur in der Halle einnehmen, die ein Refugium jener Hotelgäste ist, die dem Lärm des Tanzbetriebs entfliehen wollen. In den Gesellschaftsräumen dieser Hotels geht es dafür umso lebhafter zu.

Im ADLON kann man um halb sechs Uhr bereits nur noch mit Protektion einen Platz bekommen. Vor einiger Zeit, als das Edenhotel mit seinen neuen Tanzkapellen noch nicht auf dem Plan erschienen war, stand das Adlon unter den Fünfuhrstätten unbestritten an der Spitze und vereinigte das beste Publikum Berlins. Dann musste es allerdings einen ziemlich großen Teil an das Edenhotel und das neue PALAIS AM ZOO abgeben. Es sind aber noch genug Getreue geblieben, um den großen Saal zu füllen, zu dem ein geschickter Architekt eine bewegliche Decke gebaut hat, die im Sommer fortgezogen werden kann, so dass man unter freiem Himmel tanzt. Marek Weber, der ausgezeichnete Adlon-Kapellmeister, dirigiert nach wie vor eine begeisterte Schar von Tanzwütigen, die sich aus allen Gesellschaftskreisen rekrutieren. Da sieht man die Prinzessin Joachim Albrecht mit einem spanischen Prinzen, den Kammersänger Richard Tauber mit seiner Gattin, Hans von Bleichröder, manchmal die Orska, Schauspielerinnen und Damen vom Film. Durchreisende, die im Hotel wohnen, Ausländer – daneben einige hübsche Mannequins, die die neuesten Modeschöpfungen vorführen, und die unvermeidliche Halbwelt. Im Sommer, wenn der große Fremdenstrom aus dem Yankeeland sich über Berlin ergießt, herrschen im Adlon auch am Nachmittag die Amerikaner vor. Dann sieht man brillantenglitzernde Damen unbestimmbaren Alters mit sehr jungen Leuten tanzen, von den meisten Tischen hört man: »Is that so?« oder »I am glad to meet you«, und Marek Weber muss schleunigst eine Spritztour nach Paris unternehmen, um die allerneuesten Schlager zu holen.

Um es gleich vorweg zu sagen: Die Berliner Fünfuhrtänzer teilen sich ebenso in Parteien wie die Besucher der Theaterpremieren, denn jedes Hotel hat seine Kapelle, und jede Tanzkapelle hat ihre Partei. Während die Adlonisten auf Marek Weber schwören, gehen die Leute ins ESPLANADE, um Bernhard Etté zu hören. Dieser junge Mann – er ist kaum mehr als siebenundzwanzig – mit dem blonden Haarschopf hat eine erstaunliche Karriere hinter sich. Vor wenigen Jahren noch spielte er in

Jedes Hotel hat seine Kapelle

einem kleinen Kino in Kassel mit drei Mann die Begleitung zu Schauerdramen.

Das EDENHOTEL im Westen, das in letzter Zeit einen sehr erheblichen Aufschwung genommen hat, arbeitet mit zwei Kapellen. Zum Charleston hat es eine Jazzband und zum Tango eine argentinische Kapelle, die aber in Berlin nur gastiert. Der Jazzmann, Fred Roß, ist ein deutsches Kind, das vor dem Krieg in der Konfektion arbeitete, dann nach Amerika ging, dort alles versuchte, was man eben versuchen konnte, Tagelöhner und Austräger war, hungerte und schließlich als Kellner in einem großen Tanzlokal landete. Dort packte er das Glück beim Haarschopf. Eines Abends erkrankte der Klavierspieler der Jazzkapelle und Fred setzte sich kurz entschlossen auf seinen Platz. Dort blieb er dann auch vier Jahre lang, bloß musste er sich Abend für Abend schwarz anstreichen, damit das p. t. Publikum ihn für einen vollblütigen Neger ansehe, da die Yankees damals noch in dem Glauben lebten, dass nur ein Afrikaner richtige Jazzmusik verzapfen könnte. Jetzt sitzt er wieder in Berlin und fühlt sich hier sehr wohl, schon deshalb, weil er sich hier nicht schwarz anstreichen muss.

Charleston, Tango, Jazz

Im EDEN verkehrt in der Hauptsache das Publikum des Berliner Westens: Damen, die sich nicht um den Haushalt zu kümmern brauchen, dagegen großen Wert darauf legen, ihre Toiletten der ganzen Welt zu zeigen. Im Eden tanzt auch Berlins bestes Tänzerpaar, der Franzose Roberts mit seiner jeweiligen Partnerin, und wird ein Tango gespielt, so tauchen große Scheinwerfer das Parkett in rotes Licht, damit man sich in einem argentinischen Rancho glauben kann. Ich konnte allerdings bis heute noch nicht ergründen, welcher Zusammenhang zwischen Argentinien und dem roten Licht besteht.

Zweihundert Schritte weiter, an der Gedächtniskirche, erhebt sich das neue PALAIS AM ZOO, das sich die Kapelle von Julian Fuhs verschrieben hat, einem kleinen, schmächtigen schwarzhaarigen Amerikaner mit einer großen Hornbrille, der ganz wie ein Gelehrter aussieht.

Jazzband!

Erwähnenswert ist noch der Tee im KAISERHOF, wo die Kapelle von Professor Ehmki spielt, und das MASCOTTE, wo nicht weniger als fünf Kapellen spielen. Von den anderen Lokalen, wo man am Nachmittag tanzen kann, muss man noch die KÖNIGIN erwähnen, ein kleines Lokal am Kurfürstendamm, wo der den Berlinern wohlbekannte Herr Heinroth regiert, und die Tanzrestaurants VALENCIA und BARBERINA, in denen aber das eigentliche Leben doch erst am Abend beginnt, und wo in erster Reihe die Berliner Lebewelt, insbesondere aber die elegante Halbwelt verkehrt.

Wer also nachmittags tanzen will, hat eine immerhin zahlreiche Auswahl. Das Vergnügen des Tanztees kostet in den meisten Lokalen ungefähr dasselbe – drei bis vier Mark für das Gedeck, das aus Tee, Kaffee oder Schokolade, ferner aus Kuchen oder Sandwiches und überdies Gefrorenem besteht, zuzüglich zehn Prozent für die Bedienung. Toilettenvorschriften anzugeben ist schwer –; Herren sollten eigentlich zum Nachmittagstee nur in dunklem Anzug – eigentlich in schwarzem Sakko mit gestreiften Hosen oder, wie der phantasiereiche Schneider Kniže vorschreibt, in schwarzem Anzug mit grauer Weste erscheinen, aber an diese Vorschrift halten sich in Berlin die wenigsten Leute. Die Damen halten sich schon viel eher an das ausgesprochene Teekleid mit langen Ärmeln. In manchen Lokalen, wie im Adlon, werden die Damen auch gebeten, zum Tee mit Hut zu erscheinen, was eigentlich eine Selbstverständlichkeit ist.

Toilettevorschriften

Die meisten Tanzstätten, insbesondere aber die Hotels, haben aus Paris mit der Einrichtung des Tanztees auch die Einrichtung des Teetänzers übernommen – in allen diesen Lokalen sind einige junge Leute engagiert, die gute Tänzer sind und nichts weiter zu tun haben, als jene Damen, die sonst keine Tänzer haben, zum Tanz aufzufordern. Die Pariser Einrichtung ist aber in Berlin einigermaßen korrigiert worden – während in Paris der Tänzer eine angemessene Honorierung von den Damen erwartet, mit denen er getanzt hat, ist er in Berlin ein Angestellter des Hotels, sozusagen eine Beigabe zum Tee, die nicht separat honoriert wird. Mancher Tänzer macht Karriere – doch davon zu sprechen wäre allzu indiskret.

Der Teetänzer

Wer nicht geneigt ist, seinen Nachmittag der Tanzgöttin zu widmen, wer in aller Seelenruhe seinen Kaffee oder seinen Tee trinken und vielleicht auch ein paar Zeitungen durchblättern will, der muss sich in ein Café oder in eine der Konditoreien flüchten.

Charleston ist Trumpf

Ein Kaffeehausleben wie Wien oder Budapest hat Berlin freilich überhaupt nicht. In Wien ist das Café eine gesellschaftliche Einrichtung, in Budapest sogar eine gesellschaftliche Notwendigkeit und selbst in Paris bilden viele Cafés eine Art Mittelding zwischen Lokal und Klub.

Dass sich in Rom das halbe politische Leben Italiens im Café Aragno abspielt, dürfte auch nicht unbekannt sein. In Berlin sind aber die Cafés – mit Ausnahme des einzigen »Romanischen«, von dem später die Rede sein soll – hübsch bei der Leiste geblieben und entwickeln keinen wie immer gearteten falschen Ehrgeiz. Der Berliner geht nicht ins Café, um dort die Ereignisse des Tages zu besprechen, sondern um eine Tasse Kaffee zu trinken und sein »Abendblatt« zu lesen. Infolgedessen hat Berlin auch keine so bekannten Kaffeehäuser wie etwa Wien oder Paris – die literarischen Cafés immer ausgenommen, denn die sind ja nur für ungewöhnliche Sterbliche bestimmt. Ein Kaffeehaus wie das Café de la Paix in Paris gibt es in ganz Berlin nicht, und die berühmte Kranzlerecke könnte einen solchen Vergleich nur topographisch aushalten.

Sechshundert Zeitungen

Das berühmteste Berliner Café war lange Zeit wohl das CAFÉ BAUER mit seinen sechshundert Zeitungen und den Wandgemälden von Anton von Werner. Das ist aber vorbei. Die Werner'schen Gemälde sind ins Hotel Bristol hinübergewandert, und das Café Bauer hat mit seinem Namen auch seine Berühmtheit abgelegt. Bekannte Berliner Cafés sind jedenfalls noch das CAFÉ VIKTORIA, Unter den Linden Ecke Friedrichstraße, das CAFÉ JOSTY am Potsdamer Platz, eine beliebte Rendezvousstelle der Berliner Jugend, ferner das neue CAFÉ SCHOTTENHAML am Kempnerplatz, eine Sehenswürdigkeit ersten Ranges, das CAFÉ ZIELKA, wo die großen Schach- und Billardturniere stattfinden, das große CAFÉ VATERLAND am Potsdamer Platz, und noch einige gute Cafés im Westen.

Sehr viele Berliner bevorzugen aber die Konditoreien, die sich von den Cafés zumeist darin unterscheiden, dass sie den Gast mit keinerlei Genüssen musikalischer Art unterhalten wollen. Neben dem traditionellen KRANZLER gibt es in der Stadt noch die Konditoreien von HILLBRICH, TELSCHOW und MORITZ DOBRIN – Letztere direkt am Tiergarten, sehr favorisiert, die SCHLOSSKONDITOREI UNTER DEN LINDEN und im Westen die altbekannte KONDITOREI SCHILLINGS, dann RUMPELMAYER, der aus Baden-Baden nach Berlin gezogen ist, und JESTER, der aus Swinemünde kommt, die russische Konditorei RUSCHO, und die sehr beliebte Konditorei Wien am Kurfürstendamm, die auch für Zeitungsleser zu empfehlen ist, da sie eine große Reihe von Zeitungen aus aller Herren Ländern hält.

Eine Konditorei freilich, wie Gerbeaud in Budapest oder Dehmel in Wien, eine Konditorei der Aristokratie, der Hochfinanz, der oberen Zehntausend, die sozusagen als gesellschaftlicher Mittelpunkt anzusprechen wäre, eine Konditorei der schönen Frauen und der Flaneure, wo man bei einem alkoholfreien Aperitif den allerneuesten Gesellschaftsklatsch bespricht – so etwas findet man in Berlin ebenso wenig wie einen Korso. Dazu ist Berlin zu groß, zu hastig und zu sehr amerikanisiert …

WENN DER VORHANG SICH HEBT

Berliner Theaterpremieren – Das Parkett –
Die Stars – Die Kritiker.

Lebende Sehenswürdigkeiten

Wer in Berlin nicht nur die steinernen, sondern auch die lebenden Sehenswürdigkeiten der Reichshauptstadt kennenlernen will, wer sich nicht nur dafür interessiert, wann das Standbild Friedrichs des Großen Unter den Linden errichtet wurde, sondern auch wissen will, wie jene Leute aussehen, von denen er Tag für Tag in den Zeitungen lesen kann – wer einen der faszinierenden Blicke des berühmten Kritikers erhaschen will oder ein brennendes Interesse daran hat, welche Art Krawatten der große Außenminister trägt, der hat es in Berlin nicht leicht.

Berlin hat keine gesellschaftlich-geistigen Mittelpunkte öffentlicher Art wie andere Städte, keine für die Auserwählten. Wenn einmal bei irgendeinem großen gesellschaftlichen Ereignis wie dem alljährlichen Presseball wirklich alle Spitzen der politischen und geistigen Welt, alle Prominenten der Industrie, der Hochfinanz, der Kunst, des Theaters und der Gesellschaft zusammentreffen, dann ist die Komparserie so zahlreich, dass die Edelköpfe darin fast rettungslos untertauchen, wenn man sie nicht zufällig in einer abgesperrten Loge bewundern kann wie die seltenen Fische im Aquarium. Hier kann man die Leute, von denen man spricht, höchstens bei einem Empfang im Reichspräsidentenpalast oder bei einem der berühmten Empfänge in der russischen Botschaft beisammen sehen, und diese

Gelegenheiten sind für den gewöhnlichen Sterblichen unerreichbar. Zudem – jener Personenkult, der Wien, Budapest, Paris oder Rom auszeichnet, ist in Berlin durchaus unbekannt. Er verträgt sich nicht mit dem Temperament und der Einstellung des Berliners. Hier kennt man selbst die Gesichtszüge der bekanntesten Politiker kaum. Man hat keine Zeit dazu, sie kennenzulernen und sich dafür zu interessieren. Ich glaube, dass, von Hindenburg und Stresemann abgesehen, selbst die bekanntesten deutschen Staatsmänner ruhig in einer Theaterloge sitzen könnten, ohne dass das Publikum ihre Anwesenheit bemerken würde. Den Literaten und Künstlern geht es ebenso – selbst die Schauspieler sind der weiten Öffentlichkeit nicht in dem Maße bekannt, wie in anderen Städten. Gerhart Hauptmanns hochstirnigen Goethekopf kennen freilich sehr viele Leute – aber ich bezweifle, dass man Thomas Mann in einem öffentlichen Restaurant in Berlin nur nach seinem Aussehen erkennen würde.

Die Stadt ohne Personenkult

Das dürfte zum Teil auch daran liegen, dass die illustrierte Tagespresse, die es allein fertigbringen kann, die Gesichter von vielgenannten und bekannten Menschen dem Publikum einzuprägen, in Berlin vor wenigen Jahren noch vollkommen unbekannt war und dass sie auch jetzt noch – rein technisch genommen – in den Anfängen steckt. Es ist kein Wunder, wenn in Paris jedes Kind Poincaré oder Briand kennt, man sieht ja ihre Bilder Tag für Tag in Hunderttausenden von Blättern, die in einer technisch immerhin noch annehmbaren Reproduktion aus den Rotationsmaschinen auf die Straßen schwirren. Vielleicht wird auch der Berliner seine berühmten Zeitgenossen und Mitbürger besser kennen, wenn er ihre Bilder öfter sieht, aber heute ist das noch lange nicht der Fall …

Elisabeth Bergner

So sind auch die Berliner Theaterpremieren nicht jene großen gesellschaftlichen Ereignisse, wie eine große Premiere, oder eine représentation générale in Paris. Aber dennoch, wenn jemand einen Ausschnitt aus dem geistigen Berlin sehen will, dann bleibt ihm nur die eine Gelegenheit, einer der großen Premieren beizuwohnen, von denen alljährlich zwei Dutzend stattfinden. Bei Reinhardt oder bei Saltenburg, bei Barnowsky, bei Robert oder gar bei einem der feindlichen Revuebrüder Haller und Charell. Die Bergner, die Dorsch, die Massary, die Gläßner, Pallenberg oder Moissi – das sind die Magnete, die es fertigbringen, die Theater nicht nur mit Leuten, sondern auch mit Namen zu füllen. Eine Massarypremiere ist eine Angelegenheit für sich. Man muss schriftliche Gesuche einreichen, um Karten kaufen zu können, und es ist nur verwunderlich, dass noch kein kreisärztliches Zeugnis und keine behördliche Empfehlung verlangt werden, um als Zuschauer bei der Erstaufführung einer Massaryoperette Zulass zu finden. Selbstverständlich erscheinen bei diesen Gelegenheiten nicht nur jene Leute, die sehen wollen, sondern vor allem jene, die gesehen werden wollen. Man muss dabei gewesen sein! – das ist die Losung der Berliner Premieren.

Gehen Sie zu einer Premiere!

Bergner, Dorsch, Massary

Im Berliner Premierenzoo rangiert an erster Stelle der sogenannte Premierentiger – eine Gattung, die allerdings im Aussterben ist. Der Premierentiger muss bei jeder irgendwie wichtigen Premiere dabei gewesen sein, wenn es auch Äxte regnet. Der Prototyp dieser Gattung war der brave Carl Mollheim, von dem man sich erzählte, dass er dreißig Jahre lang bei keiner irgendwie bedeutenden Berliner Premiere fehlte. Als die Zahl der Berliner Bühnen dermaßen anwuchs, dass es Abende gab, an denen zwei Premieren stattfanden, teilte Mollheim den Abend genau in zwei gleiche Teile, erhob sich mitten im zweiten Akt im Theater Nr. 1 und eilte ins Theater Nr. 2, wo er die andere Hälfte des Abends absaß. Das Schicksal war ihm gnädig – denn er hat die Zeit nicht mehr erleben müssen, die uns sogar Theaterabende mit fünf Premieren gebracht hat …

Der Premierentiger

*

Da wären wir also versammelt. Vor dem Eingang tobt noch die wilde Jagd der Billetthändler, die ihre Billetts zum doppelten Preis verkaufen können, denn die Schupo ist damit beschäftigt, die Auffahrt der Autos zu arrangieren und den Herrenfahrern das Leben sauer zu machen, indem sie diese von jeglichen Parkplätzen vertreibt. (Hast du keinen Chauffeur, so fahre zu einer Berliner Premiere mit der Droschke, sonst besteht für dich keinerlei Hoffnung, den ersten Akt zu sehen!) In den Garderoben herrscht ein Gedränge, das für spätere Zeiten Böses ahnen lässt. Die Erbauer der Berliner Theater haben nämlich in weiser Voraussicht offenbar nur mit halbbesetzten Häusern gerechnet, sonst hätten sie für die Garderoben gewiss mehr Platz bereitgestellt. Aber wir haben auch diesen Kampf hinter uns und

Oooh, Premierenabend

sitzen nunmehr im Zuschauerraum, der in hellem Lichterglanze erstrahlt, zwischen leuchtenden Hemdbrüsten und glitzernden Pailletten. (Um es gleich vorweg zu sagen – die Zeiten, wo man zu einer Berliner Premiere im Straßenanzug kommen konnte, sind endgültig vorbei. Hast du keinen Smoking mitgebracht, so gehe lieber zu der zweiten Vorstellung.)

Die ewigen Gegner

Der Vorhang bewegt sich leise – der Feldherr des Abends, der Direktor, steht am Guckloch und späht ins Parkett hinunter, wo die beiden feindlichen Lager, die Ewig-Miesmacher und die Stets-Begeisterten, vorläufig noch im besten Einvernehmen nebeneinandersitzen. Denn – und das ist für eine Berliner Premiere, besonders für eine literarische, charakteristisch – der Berliner Theaterkritiker und der Premierentiger begibt sich von zehn Fällen in acht mit einem festen Vorsatz ins Theater. Das Stück wird ihm gefallen – oder es wird ihm nicht gefallen. Der Mann, der die Einladungslisten der Premieren bearbeitet, muss schon aus diesem Grund ein Meister seines Fachs sein, denn er muss die Plätze so einteilen, dass die Miesmacher womöglich voneinander getrennt sitzen. Die gefürchteten Kritiker wickelt er zwischen garantiert wohlgesinnte Leute ein, von denen er weiß, dass sie sich sehr für das Stück begeistern werden. Vielleicht können sie dann auch den Gestrengen anstecken ... Zudem muss er höllisch aufpassen, dass er nicht Leute nebeneinandersetzt, die einander befehden. Er muss über alle literarischen und anderen Streitereien genau informiert sein. Kurz – er muss ein Hexenmeister sein!

Das Parkett

Wir wollen aber das Parkett überblicken – wir gehen also auf die Bühne hinauf und spähen durch das Guckloch, als ob wir Direktoren wären – eine Annahme, die lieber Annahme bleiben sollte. In der zweiten Reihe, in der Mitte, richtet sich Alfred

Kerrs sanft-durchdringender Blick auf die Bühne. Er gehört allerdings zu den wenigen, die ohne Vorsätze gekommen sind. Seine Liebe zum Theater ist groß, so groß, dass er in ihm jedes Mal etwas Neues sieht, und die spitz zugefeilten Pfeile seiner Worte liegen noch im Köcher hinter der hohen Denkerstirn, nicht so, wie bei manchen seiner Kollegen, die schon nach dem ersten Akt mit ihrem Urteil fertig sind.

Reihe 1–9

In der ersten Reihe sitzen bei den klugen Direktoren keine Kritiker, denn sie könnten durch allzu große Nähe die Stimmung der Schauspieler verderben. Dafür sieht man da Frau Vera Herzfeld-Guttmann mit ihrer Mutter. Vera ist die Tochter des berühmten Bankiers Hugo Herzfeld, der auf dem Schlachtfeld der Berliner Börse ein siegreicher Feldherr war und bei seinem Tod ein Milliardenvermögen hinterließ. Sein Erbe verwaltet jetzt die Tochter, die das Geschäft selbst führt, und wohl der einzige weibliche Bankier in Deutschland ist. Neben ihr sitzt Herr Hugo von Lustig, der seine Karriere als k. u. k. österreichischer Rittmeister begonnen hat und jetzt neben einem sehr gastfreundlichen Hause in der Tiergartenstraße einige Millionen sein Eigen nennen kann. Über seinen Aufstieg erzählt man die merkwürdigsten Anekdoten, die meistens nicht verbürgt, aber gut erfunden sind. Jedenfalls ist er in Berlin sehr beliebt, weil er zu jenen wenigen Leuten gehört, die mit einer unaussprechlichen Grandezza ein

Alfred Kerr

Hugo Herzfeld, Hugo von Lustig

großes Haus zu führen verstehen. Er hat sehr gute Beziehungen zu Künstlerkreisen, vereinigt in seinem Hause die ganze Berliner Theaterwelt, ist auch in den politischen Kreisen sehr bewandert – seine Interessensphäre erstreckt sich von Wirth bis Kardorff – und er hat auch die halbvergessene Einrichtung des theatre paré neu auferstehen lassen, denn er veranstaltet für seine Gäste Theatervorstellungen, pachtet Premieren oder Generalproben, und lässt sich dann durch bereitstehende Autos in seine Tiergartenvilla entführen. Jedenfalls ist er einer der bekanntesten Premierentiger.

Georg Sklarz

Neben ihm sitzt in der ersten Reihe ein kleiner Mann mit einem etwas großen Kopf, aus dem zwei kluge, schlaue Augen herausblinzeln. Das ist Georg Sklarz. Böse Zungen behaupten, er habe die deutsche Revolution finanziert, man hat ihm allerlei Geschäfte nachgesagt, die er mit seinem Freund Parvus, mit Scheidemann und anderen Sozialistenführern gemacht haben soll, aber das ist alles erfunden, und es steht nur fest, dass Sklarz ein treuer Anhänger der sozialistischen Partei ist, der seine Parteifreunde jederzeit in jeder erdenklichen Form unterstützt hat. Er ist heute noch Sozialist und großer Freund jeder radikalen Kunstbewegung. Er ist von jeher mit künstlerischen Kreisen gut befreundet gewesen und fast in jeder Berliner Premiere zu sehen, umso mehr, da er als Filmfabrikant auch geschäftlich einiges mit der Schauspielerwelt zu tun hat. Neben ihm sitzt Leon, sein Bruder, ebenso klein und ebenso klug wie er, und hinter ihm sieht man Leopold Jessners ovales Gesicht. Wüsste man nicht, dass er der Intendant der Staatstheater ist, und für die deutsche Bühne von heute gewiss dasselbe bedeutet wie einst Brahm oder später Reinhardt, so könnte man ihn für einen biederen Herren aus der Provinz halten. Von seinem Nachbar

Leopold Jessner

könnte man das allerdings nicht sagen: Aus diesem schmalen, hageren, ins Lebemännische transponierten Asketenkopf leuchten zwei superkluge und stets ironisch blickende Augen hervor, und der Smoking sitzt tadellos auf der schmächtigen Gestalt. Das ist Victor Hahn, den eine ebenso steile wie freigiebige Karriere – aber kein Zufall – aus einem Wiener Bürgershaus in die Geistes- und Geldaristokratie Berlins emporwirbelte. Der Herausgeber des »8-Uhr-Abendblatts« gehört heute zu den interessantesten Erscheinungen Berlins. Er hat aus seiner Zeitung, die er als unbedeutendes kleines Blatt übernahm, eine der populärsten Zeitungen Berlins gemacht, ein Blatt, das Berlins Straßen beherrscht, das erste Boulevardblatt in Deutschland. Er ist nicht nur Verleger, sondern auch Vollblutjournalist, der die Feder mit Macht und Ironie zu handhaben weiß, und zwar nicht nur als Publizist, sondern auch als Dramatiker. Es gab Zeiten, in denen er nicht viel sein Eigen nennen konnte, abgesehen von einer ausgezeichneten Garderobe und damals in Deutschland noch nicht allzu oft zu findenden All-round-Manieren –; heute besitzt er ein großes Vermögen, einen Rieseneinfluss, eine Kunstsammlung von eminentem Wert – in seinem Hause sollen sogar die Kleiderständer aus dem Quattrocento stammen – und eine ganz außerordentliche gesellschaftliche Position. Man erzählt von ihm, dass eines schönen Tages, noch lange vor dem Krieg, als einmal ein sehr reicher Amerikaner nach Berlin gekommen war, in seinem Klub darüber gestritten wurde, was man anfangen würde, wenn man so viel verdienen würde wie jener Gast aus den Staaten. Da trat Hahn ein, der damals noch nicht einmal einen Bruchteil dessen verdiente, was er heute verdient, aber ebenso à quatre épingles gekleidet war wie heute. Man wandte sich auch an ihn mit der Frage: »Was würden Sie

Victor Hahn

tun, wenn Sie zweihunderttausend Mark im Jahre verdienen würden?« – »Mich einschränken«, antwortete Hahn, ohne mit den Wimpern zu zucken. Damals hat er vielleicht noch gar nicht geahnt, dass eine Zeit kommen würde, wo er sich vielleicht wirklich einschränken müsste, wenn er nur 200.000 Mark verdienen würde.

Prominenz, wohin das Auge blickt

In der Nähe Hahns sitzt die Kammersängerin Elisabeth Curth van Endert, die ständiger Premierengast ist, wenn sie nicht selbst in der Oper zu tun hat, mit ihrer Schwester Kathinka von Oheimb, deren Namen man aus den politischen Spalten der Zeitungen kennt. Frau von Oheimb war früher Mitglied des Reichstags – jetzt ist sie die Gattin des Abgeordneten von Kardorff und ergreift nur noch in Leitartikeln das Wort, verwaltet so nebenbei die Unternehmungen, die ihr erster Gatte hinterlassen hat, ist Mutter von sechs Kindern, worauf sie sehr stolz ist, besitzt in Goslar ein großes Haus und gehört zu den geistvollsten Frauen der Berliner Gesellschaft. Neben ihr sitzt Else Heims, daneben wieder zieht der pikante Bubenkopf der blonden Gattin des Kammersängers Walter Kirchhoff die Blicke auf sich. Ein wenig weiter sitzt Justizrat Werthauer, einer der bedeutendsten Rechtsanwälte Berlins, in seiner unmittelbaren Nähe der Polizeivizepräsident Dr. Weiß, der eine der glanzvollsten Karrieren hinter sich hat.

Im Übrigen gehören die zweite und die dritte Reihe wieder der Kritik. Da sitzt zum Beispiel ein Herr im Straßenanzug – auf weiter Flur der Einzige in dieser Tracht. Das ist Herbert Ihering vom »Börsen-Courier«, einer der Allergefürchtetsten unter den Gefürchteten. Anton Kuh erzählt irgendwo von ihm, dass er, wenn er zufällig um sechs Uhr abends aus irgendwelchem Grunde sich in einem Smoking befinden würde, bestimmt nach Hause fahren würde, um sich umzuziehen, wenn er an dem betreffenden Tag noch die Pflicht hätte, irgendein Theaterstück kritisch zu betrachten. Ich habe aber auch noch eine andere Geschichte von ihm gehört, Ihering soll einmal bei einer großen Premiere seine Brieftasche abhandengekommen sein. Er meldete den Verlust dem wachhabenden Polizeibeamten an und setzte sich betrübt auf seinen Platz. In der ersten Pause erschien der Beamte im Parkett, sah sich um, schritt dann schnurstracks auf Ihering zu und überreichte ihm den wiedergefundenen Schatz. Ihering bedankte sich, aber irgendetwas schien er nicht verstanden zu haben und er fragte: »Wie haben Sie mich denn hier unter zwölfhundert Personen so schnell herausgefunden?« – »Das war nicht schwer«, antwortete der Beamte freundlich. »Unter all den Herrschaften sind Sie der Einzige, der einen grauen Anzug trägt.«

Herbert Ihering – die gefürchtete Kritik

So ist Ihering. Neben ihm sitzt dagegen ein sehr ernst dreinschauender Herr, dessen glatt rasiertes Gesicht gleichfalls einen Literaten vermuten lässt, der aber eine wesentlich bedeutendere Persönlichkeit ist, nämlich Max Epstein, der einzige Mann, der an den Berliner Theatern wirklich verdient. Es ist nämlich der Pächter der meisten Theatergarderoben, und seine einzige Sorge betrifft das Wetter. Ihm kann es nicht schnell genug Winter werden und nicht spät genug Frühling, denn sein Geschäft

Max Epstein

basiert ja auf der kalten Witterung, auf Paletots und auf Regenschirmen.

Noch mehr Prominenz

Weiter. Unsere Augen streifen Julius Bab, den Mann, der alles verdaut und alles verträgt, ferner Arthur Eloesser und Wolfgang Heine, den ehemaligen Innenminister, der gleichfalls zu den Stammgästen der Berliner Premieren gehört, sowie Doktor Paul Goldmann, den Korrespondenten der Wiener »Neuen Freien Presse«, der stets in Sorgen darüber ist, wen er noch interviewen könnte, da es in Berlin kaum noch Leute gibt, die er nicht interviewt hat. Auch Fred Hildenbrandt, der Feuilletonredakteur des »Berliner Tageblatts«, sitzt hier und seine schlanke, sehnige Gestalt, die eher auf einen Tennischampion als auf einen feinsinnigen Schriftsteller schließen ließe, überragt seine Nachbarn um einen halben Kopf. Da sitzt auch Dr. Hanns Schulze, Kunsthistoriker und Verlagsdirektor, im Übrigen Sportsmann wie Hildenbrandt, mit seiner Gattin Ola Alsen, einer der meistbeschäftigten Schriftstellerinnen in Berlin, von der die Legende geht, dass sie zu gleicher Zeit einen Roman und einen Film zu diktieren vermag, genau wie Napoleon, allerdings mit dem Unterschied, dass Napoleon nur Briefe diktierte.

Sie kennen doch …

An der Ecke duckt sich, massiv und selbstbewusst, Professor Ludwig Stein, der Gelegenheitsaußenpolitiker der »Vossischen Zeitung«, Gelehrter und mehrfacher Hausbesitzer, aus letzterem Grunde auch »Haustauschprofessor« genannt. Professor Stein ist eigentlich Ungar, seine Häuser liegen aber in der Schweiz – einige allerdings auch in der Cöpenicker Straße –, und seine Liebhaberei besteht darin, berühmte Leute in seinem Hause zu Gast zu sehen. Es kann kein neu ernannter Botschafter eine einzige Woche in Berlin verbringen, ohne von »Diplomaticus« – unter dieser Spitzmarke schreibt Professor Stein – eingeladen zu werden. Georg Bernhard, der Chefredakteur der »Vossischen Zeitung«, geistvoller Publizist und scharfsinniger Wirtschaftler, ist bei den meisten großen Premieren ebenfalls zu sehen. Wenn er kommt, bleibt er einen Augenblick lang an seinem Platz stehen und sieht sich um wie ein Feldherr, oder aber wie ein selbstbewusster Ringer, der eben eine Herausforderung an das p. p. Publikum hat ergehen lassen und nun sehen will, wer sich meldet.

Die Publizisten

Chefredakteuer Georg Bernhard

Von den Männern der großen Presse, von denen, die die Meinung der Öffentlichkeit nicht nur vertreten, sondern auch zu lenken verstehen, kann man noch einen anderen sehen: den Chefredakteur des »Berliner Tageblatts«, Theodor Wolff. Den Leser seiner Artikel, deren kunstvoll geschliffene Sätze wie eiserne Träger eines bezwingend logisch aufgebauten Gedankengangs sich reihen, wird es gewiss interessieren, dem Mann, der seinen Namen hinter den zwei bescheidenen Buchstaben T. W. zu verstecken pflegt, ins Angesicht zu schauen. Theodor Wolff ist ein seltener Premierengast, denn er arbeitet zwölf Stunden am Tag, bespricht das ganze Blatt mit seinen Mitarbeitern, liest jeden Artikel durch, schleift daran, gibt Überschriften, überfliegt alles, was seine Korrespondenten melden, verbringt Stunden im Setzersaal, wo er selbst umbricht, d. h. die Satzanordnungen trifft und die Seiten typographisch aufbaut, und das eigentliche Theater, wo er jedem irgendwie bedeutenden Ereignis beiwohnt und wo er bei keiner wichtigen Szene fehlt, ist das große Theater des Deutschen Reichs am Platz der Republik – das Parlament. Auch Maximilian Harden, den man früher bei fast jeder großen Premiere sehen konnte, kommt jetzt seltener. Bei Reinhardt ist er aber immer da und sitzt oben im ersten Rang, in der Mitte der ersten Reihe, von wo er sowohl die Bühne wie auch das Parkett übersehen kann.

Achtung! Kritik!

Das sind aber keine zünftigen Premierengäste mehr, und wir wollten vorerst die Zünftigen vorstellen. Da ist also noch Professor Klaar, der Doyen der Berliner Theaterkritik, Emil Faktor nicht zu vergessen und auch Norbert Falk von der »B. Z. am Mittag« nicht, der wohl zu den allerbesten Kennern der Berliner Bühne gehört und dabei noch einen nicht unbedeutenden Vorzug hat, nämlich den, dass er so ungefähr der einzige Mann ist, der in Deutschland einen guten Film schreiben kann. Ist Kerr nicht da, dann sieht man an seiner Stelle den fein geformten Kopf Fritz Engels. Der sorgfältig gekleidete kleine Herr mit dem hellblonden Haar und der scharfen Brille, der in der Mitte der vierten Reihe sitzt, ist Ludwig Sternaux, der im Nebenberuf die einzige wirklich stilvolle deutsche Zeitschrift, den »Stil«, gegründet hat, und neben ihm hat Kurt Korff seinen Platz, der Chefredakteur der »Berliner Illustrierten« und der eigentliche Vater der illustrierten Presse, der erste Mann, der es fertiggebracht hat, in Deutschland eine große illustrierte Zeitung von amerikanischer Fixigkeit herauszubringen. Um ihn herum gruppiert sich eine ganze Brigade von Ullsteinleuten: der ewig nervöse Egon Jacobson, der überall dabei ist und es immer sehr eilig hat, Monty Jacobs und Max Osborn, der Romanschriftsteller Georg Fröschel und schließlich auch Gustav Kauders, einer der besten deutschen Journalisten, der im Theater genauso zu Hause ist wie auf einer diplomatischen Konferenz oder inmitten des großen englischen Streiks.

Kurt Korff – der Mann von der Illustrierten

Da sitzen auch Oscar Bie, der Tanztheoretiker und Ästhet, der schlanke, stets elegante Wolfgang von Lengerke und der Chefredakteur Franz Köppen neben einem schlanken blonden Mann, dessen Monokel ins Gesicht hineingewachsen zu sein scheint: Das ist der Rechtsanwalt Dr. Frey, einer der bekanntesten Kriminalisten Berlins, der nicht einmal zusammenzählen könnte, wie viele Massenmörder er schon verteidigt hat. Er hat so viel Verbrechen in seinem Kopf, dass er ihn ständig ventilieren muss und daher niemals einen Hut trägt, nicht einmal im strengsten Winter. Sein Kollege Dr. Alsberg blickt aus einer Loge auf die Versammlung herab. Stefan Großmann ist auch da, sieht sich oft um, grüßt jede schöne Frau im Theater – denn er kennt alle schönen Frauen Berlins – und unterhält sich mit Dr. Karl Wilczynski, dem Mann, der in Berliner Literaturkreisen über die besten Beziehungen verfügt, sowie mit Alfred Braun, dem Radiobraun, dessen wohl klingende Stimme durch die Ätherwellen alltäglich zu einer halben Million Berlinern und einigen Hunderttausend Leuten außerhalb Berlins spricht, wenn er im großen Senderaum des Voxhauses vor dem Mikrofon steht. Da sitzt auch Friedrich Georg Knöpfke, der Begründer des deutschen, insbesondere aber des Berliner Rundfunks.

Premieren-publikum

Irgendwo in der Nähe sitzt nun ein kleiner, schmächtig aussehender Herr mit spärlichem Haarschopf, der einen der bekanntesten Namen in Deutschland aufzuweisen hat: Felix Holländer, der Theaterkritiker und Verfasser von vielgelesenen Romanen. Er sitzt sehr ruhig auf seinem Platz, starrt vor sich hin und unterhält sich sehr selten mit jemandem. Dafür hat er die allergiftigsten Pfeile in seinem kritischen Köcher und gehört zu den gefürchtetsten Kritikern, denn er kennt kein Erbarmen, und ein Verriss aus seiner ironiegeladenen Feder gleicht einem Richterspruch, gegen den es keine Berufung gibt. Es gibt aber auch Leute, die ihn noch viel mehr fürchten, als Schauspieler und Direktoren – das sind die Setzer. Sein engerer Kollege Kurt Pinthus unterscheidet sich von ihm schon rein äußerlich durch seine Lebhaftigkeit. Pinthus kommt meistens spät, ist das aber zufällig nicht der Fall, so hält er stets eine Vorschau ab, bevor er sich setzt, denn er ist nicht nur Theaterkritiker, sondern auch ein sehr gesellschaftlich veranlagter Mann, der besonderen Wert darauf legt, stets mit einer hübschen Frau zu erscheinen – schon aus Repräsentationsgründen. Meistens sieht man ihn mit der zartgliedrigen, schlanken Lilian Harvey – tja, les extrêmes … Die Damen der

Kurt Pinthus

Kritiker, d. h. die Damen, die mit den Kritikern zur Premiere kommen, sind überhaupt wichtige Persönlichkeiten, denn sie üben oft einen nicht unwesentlichen Einfluss auf die Meinung der Gestrengen aus. Es soll auch Begleiterinnen geben, die sogar einen bestimmenden Einfluss auf ihre kritischen Begleiter ausüben, auch dann, wenn sie keine Schauspielerinnen sind, und es soll Kritiker geben, denen dieser bestimmende Einfluss sogar sehr erwünscht ist. Denn sie vertreten die ganz richtige Ansicht, dass zwei Leuten stets mehr einfällt als einem. Es gibt aber auch Damen, die im Zuschauerraum dieselbe Rolle spielen wie etwa die Animierdamen in den Bars. So kann man in jeder Berliner Premiere eine kleine schwarze Frau sehen, die jeden Kritiker kennt, jeden sehr freundlich begrüßt und jeden auf die großartige Leistung des Schauspielers Soundso aufmerksam macht. Sie heißt Betty, und es ist keine Übertreibung, wenn ich behaupte, dass manch junger Schauspieler der Geschicklichkeit dieser Betty zu verdanken hat, dass sein Stern aufgegangen ist.

Die Damen

Die Direktoren sind freilich auch anwesend. Da sieht man Eugen Robert, der seine Laufbahn in der Redaktionsstube eines ungarischen Provinzblatts begonnen hat und heute zu den ersten Köpfen unter den Berliner Theaterleitern gehört, die elegante Figur des stets nach dem letzten Modenschrei gekleideten Victor Barnowsky, der neben Reinhardt wohl der feinsinnigste Bühnenleiter der Reichshauptstadt ist, und die beiden Brüder Rotter, denen zwar fünf Theater gehören, die es aber zurzeit vorziehen, diese weiterzuverpachten.

Die Direktoren

Wenn das Parkett nun sozusagen für die Zünftigen reserviert ist, so sitzen in den Logen meistens Leute, die mit dem Theater an sich nichts zu tun haben. Etwa Minister Dr. Stresemann – der am lautesten lacht, wenn er auf der Bühne apostrophiert wird, mit seiner schlanken, schwarzen Gattin, die übrigens eine ausgezeichnete Tangotänzerin ist, und seinem Sohn Wolfgang, der zu den politischen Taten seines Herrn Papas die orchestrale Begleitung komponiert. Dann Staatssekretär Meißner, der treue Adlatus des Reichspräsidenten, der Polizeipräsident Zoergiebel, oder auch Philipp Scheidemann. In einer der Parkettlogen sieht man auch Henny Portens blondes Haupt, treu behütet von ihrem Gatten Dr. Kaufmann, das stets versonnene Gesicht Georg Kaisers, der übrigens – und das ist bemerkenswert – ungefähr der Einzige unter den bekannten deutschen Dramatikern ist, den man bei einer Premiere sehen kann – aber nur bei fremden Premieren; zu seinen eigenen geht er nie –, oder auch den rotblonden Diplomatenkopf des Grafen Montgelas, der ein ebenso guter Polospieler wie Schriftsteller ist. Auch Joe May, der große Filmregisseur, fehlt nicht, mit seiner blonden Mia, und Friedrich Zelnik prüft das Stück auf Herz und Nieren, ob man daraus einen guten und einträglichen Film drehen kann.

In der Loge

In einer anderen Loge sieht man eine stattliche, hübsche Frau in einem fabelhaften Hermelincape – Frau Schwarz, die Tochter des europäischen Kupferkönigs Hirsch, die bei keiner Berliner Premiere fehlt.

Doch halt … der Zuschauerraum wird dunkel. Man setzt sich. Der Vorhang geht hoch. Das Spiel kann beginnen!

*

Aber wenn gerade keine besondere Premiere ist, wohin geht man dann? Denn ins Theater muss man in Berlin gehen – und zwar soll man möglichst oft den Abend hierzu verwenden. Man kann ja immer noch nach dem Theater in die Kabaretts gehen oder in die Galaabende der großen Hotels, die ohnehin so recht erst nach 10 Uhr abends beginnen. Auch für die Tanzlokale bleibt nach dem Theater genügend Zeit. Jedenfalls soll man einen Aufenthalt in Berlin womöglich täglich durch Theaterbesuch ausnützen. Die Auswahl ist ja so groß – und in keiner Stadt der Welt wird vielleicht so gut Theater gespielt wie in Berlin. Wohl erreichen Theater in Moskau oder Wien ein gleich hohes Niveau – aber eine derartige Massendarbietung der besten Vorstellungen gibt es nirgends. Das Theater in Paris ist mehr eine gesellschaftliche Angelegenheit geworden, und in London ist es nicht viel besser. Wien bietet, wenn man von seiner einzigartigen Oper und von dem Theater Reinhardts, das dort Berliner Schauspielkunst zeigt, absieht, nur mehr auf dem Gebiet der Operette Hervorragendes. Was das Sprechstück anbelangt, hat es nur eine große Vergangenheit, aber keine Gegenwart des Theaters mehr. Man ist dort saturiert, und in Berlin wird immer noch gekämpft, gerungen, es ist lebende Theaterkunst, die man hier zu sehen bekommt. Und darum muss man in Berlin wenigstens die wichtigsten Vorstellungen, die man zurzeit sehen kann, auch wirklich besuchen.

Versäumen Sie nicht die Theater!

Opernbühnen gibt es in Berlin augenblicklich nur zwei: die STAATSOPER, wo Erich Kleiber regiert und die, solange ihr altes Heim Unter den Linden umgebaut wird, im Kroll'schen Gebäude am Platz der Republik haust, sowie die STÄDTISCHE OPER in Charlottenburg. Das soll aber zum Herbst anders werden. Es wird dann eine Arbeitsgemeinschaft von drei Opern geben, die sämtlich dem Generalintendanten Tietjen unterstellt sein werden. Die Staatsoper Unter den Linden wird Erich

Ganz große Oper

Kleiber leiten, die Staatsoper am Platz der Republik Otto Klemperer mit Alexander von Zemlinsky und die Städtische Oper Bruno Walter. Schon die Namen der Leiter dieser Opernhäuser besagen, dass Berlin im Begriff ist, auch auf dem Gebiet der Oper die Führung zu ergreifen, denn drei Opernhäuser mit Leitern dieses Ranges vermag keine andere Stadt der Welt aufzuweisen. Und da die kommende Arbeitsgemeinschaft auch einen Austausch der Sänger verbürgt, wird bei der Wahl, welche Oper man besuchen soll, in erster Linie das Interesse für die gespielte Oper entscheiden.

Sprechtheater

Ganz anders ist es beim Sprechtheater. Hier muss man vor allem Stücke sehen, die von den beiden bedeutendsten Regisseuren Berlins inszeniert wurden: das sind Reinhardt und Jessner. Was Reinhardt für die deutsche Schauspielkunst bedeutet, braucht wohl hier nicht gesagt zu werden, er ist heute der erste Regisseur der deutschen Bühne. Er besitzt drei Theater: das DEUTSCHE THEATER in der Schumannstraße, gleich an dieses angebaut die KAMMERSPIELE und schließlich die in ihrer Pracht einem kleinen Schlosstheater ähnelnde KOMÖDIE AM KURFÜRSTENDAMM. Wenn Reinhardt selbst auch nur noch selten das Regieszepter führt, seine Regisseure und Eugen Robert, der neben seinem ausgezeichneten Theater DIE TRIBÜNE auch die meisten Inszenierungen in den Kammerspielen leitet, sorgen für ein hohes künstlerisches Niveau. Und trotzdem:

Max Reinhardt

Wählen Sie für Ihren Besuch in den Theatern Reinhardts vor allem ein Stück, in dem er selbst Regie geführt hat. In einem seiner Theater wird dies wohl immer der Fall sein, und man kann nicht in Berlin gewesen sein, ohne dieses Stück, ohne eine Inszenierung Reinhardts gesehen zu haben!

Sein Gegenpart als Regisseur ist Leopold Jessner, der Intendant der Staatstheater. Ihm unterstehen das STAATLICHE SCHAUSPIELHAUS am Gendarmenmarkt und das SCHILLERTHEATER in Charlottenburg. Man muss die Inszenierungen Jessners gesehen haben, um zu wissen, welche Wege die Schauspielkunst seit Reinhardt gegangen ist. Denn Reinhardt, einst der größte Revolutionär des Theaters, wirkt heute schon konservativ. Die Wege, die Jessner mit diesem Jürgen Fehling und Erwin Piscator eingeschlagen haben, wird er nie mitmachen. Das Programm der Staatstheater sind modernste Dichtung und Klassiker. Diese aber in moderner Auffassung und Gestaltung. Gewiss, es ist nicht jedermanns Geschmack, die »Räuber« in Piscators Regie im Kommunistenrock zu sehen, aber um die modernsten Richtungen des Theaters kennenzulernen, muss man seine und Jessners Regieleistungen unbedingt gesehen haben.

Leopold Jessner

Mit den großen Regisseuren sind wir nun fertig. Was auf den anderen Bühnen geboten wird, ist gewiss ein sehr gutes Durchschnittsniveau, wie es keine andere Stadt der Welt darbieten kann, reicht aber nicht an die überragende Bedeutung der Schöpfungen dieser beiden Männer heran. Man muss daher zum Unterschied von den Theatern Reinhardts und den staatlichen Theatern am Zettel nicht nach dem Regisseur, sondern nach dem Darsteller sehen. Unbedingt muss man die Bergner gesehen haben, die größte unter allen deutschen Schauspielerinnen, die gegenwärtig bei Barnowsky engagiert ist.

Was man unbedingt sehen muss!

Barnowsky gehört zu den fähigsten Berliner Theaterdirektoren, und die Vorstellungen bei ihm stehen durchwegs auf hoher Stufe. Er leitet das THEATER IN DER KÖNIGGRÄTZER STRASSE und das KOMÖDIENHAUS.

Bergner, Massary, Orska

Und noch eine zweite Frau muss man in Berlin gesehen und gehört haben: Fritzi Massary, die Königin der deutschen Operette. Sie hat diese Kunst vergeistigt und auf ein höheres Niveau gebracht. Eine Operette mit der Massary ist ein Kunstgenuss, der einem dauerhaft in Erinnerung bleiben wird. Sie spielt zumeist am DEUTSCHEN KÜNSTLERTHEATER bei Saltenburg, dem Fünftheaterdirektor, der, künstlerisch nicht allzu ehrgeizig, zu den umstrittensten Persönlichkeiten des deutschen Bühnenlebens gehört. Wie es auch sein mag, er versteht es, mit Namen zu paradieren: Käthe Dorsch, Max Pallenberg, Albert Bassermann und Guido Thielscher sind seine Stars. Wer mondäne und moderne Frauentypen kennenlernen will, der sehe Maria Orska, Blanche Dergan, Mady Christians, Erika von Thellmann und Leopoldine Konstantin an. Prominente Künstler, die man kennenlernen muss, sind noch Alexander Moissi, Eugen

Die Massary

Klöpfer, Fritz Kortner und Paul Wegener, und wer lachen will, der sehe sich Max Adalbert oder Ralph Arthur Roberts an.

Wer sich für leichtere Kost begeistert, hat die Qual der Wahl zwischen Revue und Operette. Vor einigen Monaten war die Revue noch in großer Hausse, und man rechnete in Berlin mit sechs Revuen, von denen fünf auch richtig eingetrudelt sind. Aber nur zwei konnten sich halten: Haller und Charell, und die sind unbedingt sehenswert, denn sie bieten eine prachtvolle Schau von Dekorationen, Kostümen und – last not least – von hübschen Mädchenbeinen. Das METROPOLTHEATER, das anfangs auch eine Revue gestartet hatte, ist inzwischen mit der schönen Lori Leux als Star reumütig zur Operette zurückgekehrt, die in Vollendung noch im BERLINER THEATER und im NEUEN THEATER AM ZOO gepflogen wird.

Der Revuestar Edmonde Guy

Nicht unerwähnt bleiben darf Rudolph Nelson, dessen kleines Theaterchen am Kurfürstendamm jetzt verkauft werden soll. Er sucht ein neues Theater, ein größeres, und es ist zu hoffen, dass er bald eines findet, denn ein NELSONTHEATER ist eine Sehenswürdigkeit für sich, insbesondere aber eine Hörenswürdigkeit, ist doch Nelson von jeher ein Meister der leichten Musik gewesen, der Schlagerkomponist Berlins.

Wer ein gutes Kabarett sucht – Kabaretts gibt es in Berlin sehr viele, aber nicht alle sind gut – dem soll das KABARETT

DER KOMIKER empfohlen werden, wo Paul Morgan und Kurt Robitschek, zwei Meister des aus Wien importierten Schmuses, das Zepter führen. Er wird sich gewiss nicht schlecht amüsieren.

Rabatt aufs Theater

Und noch eines: Die Berliner Theater sind nicht billig. Gute Plätze kosten 8 bis 12 Mark. Es gibt allerdings mannigfache Möglichkeiten, zu billigeren Theaterkarten zu gelangen – den Berlinern werden die Bons auf halben Kassenpreis manchmal ins Haus geschickt –, aber für den Fremden ist es schwer, diese Möglichkeiten auszunützen. Es ist aber jedenfalls zu empfehlen, im Zigarrenladen gelegentlich nachzusehen, ob nicht ein paar »Gutscheine« auf dem Ladentisch liegen … oder fragen Sie Ihren Friseur, der weiß es bestimmt!

DIE FLIMMERNDE LEINWAND

Kinostadt par excellence – Berlins Kientöppe.

Berlin ist eine Kinostadt par excellence – trotz der hohen Steuer, mit der die Kinotheater belegt sind und unter der die Kinobesitzer mit einer geradezu erstaunlichen Zähigkeit ächzen, besitzt Berlin fast vierhundert Kinos – vom Berliner »Kientöppe« genannt –, und es darf sich auch rühmen, die größten und schönsten Filmtheater Europas zu beherbergen. In keiner einzigen europäischen Großstadt findet man Kinos, die so gewaltig abgemessen und so prächtig, ja, so verschwenderisch ausgestattet wären wie die riesigen Kinopaläste Berlins. Der Film hat Berlin auch einen Broadway geschenkt. Seitdem an der Gedächtniskirche, am Anfang des Kurfürstendamms, eine ganze Kinogegend entstanden ist, sodass es schwer wird, ein Haus zu finden, in dem sich kein Kino befindet, nennt man nämlich diese Ecke, die abends in einem ebenso farbenprächtigen wie teuren Lichterglanz erglüht, Berlins Broadway, und sie kann diesen Vergleich sehr wohl aushalten. Es ist freilich auch vor allem der amerikanische Einfluss, der in der Berliner Filmindustrie besonders stark ist, der auch für die Ausgestaltung der Berliner Kinos ausschlaggebend war.

Die Kientöppe – Berlins Broadway

Das größte und vielleicht auch prächtigste Kino Berlins, der UFAPALAST AM ZOO, der an die dreitausend Menschen fasst, ist von dem amerikanischen Manager Sam Rachmann mit über einer halben Million Kosten umgebaut worden und arbeitet von dem goldenen Vorhang und den farbigen Lichteffekten bis zum aus siebzig Mann bestehenden symphonischen Orchester mit allen Errungenschaften, Mitteln und Tricks der amerikanischen Filmtheatertechnik. Das CAPITOL, das dicht danebensteht und nicht weniger pompös aufgemacht ist, wurde nach den Plänen des Architekten Professor Poelzig erbaut, und der GLORIAPALAST, der sich an der nächsten Ecke befindet, ist mit riesigen Kosten in ein Haus hineingebaut worden, in dem sich früher eine Möbelfirma befand. Dieses Kino ist vielleicht das schönste Kino der Welt – es erinnert mit seinen goldverzierten weißen Wänden, seiner roten Innenausstattung, seinem Foyer und seinem steil ansteigenden Rang viel eher an ein intimes kleines Hoftheater der Barockzeit als an einen Kientopp anno 1927. Leider bleibt es nicht lange Kino – die Ufa hat es verkauft, und nun heißt es, dass aus dem entzückenden Haus ein Tanzpalast gemacht werden soll …

Schöne Kinos

Auch das MARMORHAUS und der EMELKAPALAST, beide am Kurfürstendamm, das PICCADILLY in der Bismarckstraße, der TAUENTZIENPALAST, der MOZARTSAAL – der einst Berlins vornehmste Konzertstätte war –, die Kammerlichtspiele und das Ufatheater am Kurfürstendamm sind sehenswert und schöne Kinos, – nicht zu vergessen das prachtvolle neue BEBAPALAST in der Kaiserallee und den kleinen UFAPAVILLON am Nollendorfplatz, der seinerzeit von Oscar Kaufmann erbaut worden ist, und in dem die Ufa ihre größten Filme zeigt. Mit welcher Aufmachung, das beweist die Tatsache, dass für die Aufführungen des großen Zukunftsfilms »Metropolis« das ganze Haus mit einem Überzug aus pulverisiertem Silber versehen, sozusagen in eine silberne Schatulle verwandelt wurde, um durch diese Aufmachung eine Art Kino der Zukunftsstadt vorzutäuschen.

Die großen Kinos sind auch nicht gerade billig. Die guten Plätze in den großen Kinotheatern des Westens kosten drei bis vier Mark, also ungefähr so viel wie vor dem Kriege ein guter Platz in einem Theater. Dafür bekommt man regelmäßig eine Wochenschau und zwei Filme serviert, neben einer Bühnenschau oder einer Tanznummer, die allerdings in den meisten Fällen sehr fragwürdig sind, und ihren eigentlichen Zweck, den Zuschauer in »Stimmung« zu bringen, kaum erreichen.

Stimmung!

Diese Stimmungsmacherei ist in den Berliner Kinos überhaupt ein Schlagwort von großer Wichtigkeit, besonders, wenn der Film, den man zeigen will, von sich selbst aus nicht gerade stimmungserzeugend ist und unterstützt werden muss. Wenn irgendwo ein Seeräuberfilm läuft, wird das Foyer des Kinos in eine Piratenhöhle verwandelt, mit Kanonen aus Papiermaché, schwarzen Piratenfahnen, die einen Totenkopf zeigen, und die braven Billettkontrolleure aus Neukölln werden in phantastische Lumpen gesteckt, in denen sie ruhig als Statisterie in einem zweiten Seeräuberfilm mitwirken könnten. Spielt der nächste Film, den man zu sehen bekommt, in Japan, dann werden die finsteren Kanonenschlünde durch blühende Chrysanthemen und Kirschbäume ersetzt – selbstverständlich ebenfalls aus Papiermaché –, und dieselben braven Kontrolleure legen sich seidene Kimonos an. Dieses System hat freilich etwas für sich, denn es gibt sehr viele Leute, die schon der Ausstattung wegen ins Kino hineingehen, ist doch der Berliner ein menschliches Wesen, dem man am leichtesten beikommen kann, wenn man ihm irgendwie imponiert.

Die großen neuen Filme werden selbstverständlich auch höchst feierlich uraufgeführt. Meistens muss dazu die Bühnengenossenschaft herhalten oder aber auch der Verein Berliner Presse, es werden Wohltätigkeitsveranstaltungen arrangiert – manchmal sogar in der Nacht –, in den Logen sieht man dann alle prominenten Köpfe der flimmernden Welt, manchmal aber auch, wie bei der Uraufführung des »Metropolis«- Films, tatsächlich »ganz« Berlin, von der hohen und höchsten Politik angefangen bis zu den schönen Frauen, die überall dabei sein müssen. Der neue Film startet dann vor einem Parkett von Prominenten, und Berlin wäre nicht Berlin, wenn das Gesicht einer solchen Filmpremiere dem einer Theaterpremiere nicht täuschend ähnlich wäre. Die Stimmung ist dieselbe, die beiden Parteien sitzen ebenso da, nur dass die Köpfe und die Namen andere sind.

Alle sind da

Mady Christians

Wenn ein neuer Film vom Stapel gelassen wird, dann marschieren eben die Publikumslieblinge der Leinwand auf – dann sieht man in den Logen den Blondkopf der Mia May, den Bubenkopf der lustigen Ossi Oswalda, die schwarze Olga Tschechowa aus Russland und Agnes Eszterhazy aus Ungarn, die jugendliche Brigitte Helm, Erna Morena und Claire Rommer neben den männlichen Stars, den Vielgeliebten und Vielgeplagten, wie Harry Liedtke und Willy Fritsch, Alfred Abel und Paul Wegener.

Wilhelm Dieterle sitzt auch da mit seiner zierlichen kleinen Frau, und die Leute, die in der Pause so eifrig miteinander tuscheln, sind die Regisseure und Kameraleute, die Leute, die hinter den Kulissen stehen, die Beherrscher der leinwandenen Welt. In einer Loge sitzt ruhig schmunzelnd Friedrich Zelnik mit seiner blonden Gattin Lya Mara, Henny Porten ist auch zu sehen, und wenn jemand ein begeisterter Autogrammsammler ist, so würde sich für ihn hier eine schier unglaubliche Gelegenheit bieten. Es ist ja nicht ausgeschlossen, dass alle diese Leute ein paar Fotos in der Tasche tragen … Anstelle von Alfred Kerr und Felix Holländer sitzen freilich die Gestrengen dieser eigenen Flimmerwelt auf den Plätzen. Sie sitzen da mit strengen Mienen und lassen sich von keinem bestechenden Lächeln erweichen.

Werner Krauß

Dann wird geklatscht – oder auch gepfiffen –, und der neue Film ist vom Stapel gelaufen.

DAS ROMANISCHE CAFÉ

Das Literatencafé par excellence – Ein Querschnitt der Künstler Berlins.

Vor zehn Jahren und mehr gab es in der ganzen großen Stadt Berlin eigentlich nur zwei Lokale für das Künstlervolk: das Café Größenwahn und Maenz. Heute gehören sie beide der Vergangenheit an. Das Café Größenwahn ist verschwunden, und Maenz ist entthront.

Größenwahn und Vergänglichkeit

Die Ecke Kurfürstendamm-Joachimstaler Straße, jene Ecke, wo Tietz'sche Geschäftsgenialität in wenigen Jahren gewiss das größte Kaufhaus des aufstrebenden Westens schaffen wird, ist längst in die Kulturgeschichte der deutschen Reichshauptstadt eingezogen. Dort, wo sich einst die rauchig-qualmigen Räume jenes Cafés ausbreiteten, in dem Berlins geistige Jugend allabendlich gegen die Vermoderten und Vermodernden Sturm lief, wo den albernen Witzen der Spießbürger trotzend eine neue Generation aufwuchs, macht sich jetzt ein hochmodernes Kaffeehaus breit, todschick, mit rot-goldenen Tapeten und gleichgültigen Kellnern, ein Café, wie es in jeder großen Stadt tausend andere gibt, ein Lokal, in dem nicht ganz junge Damen und meistens junge Herren sitzen, ihren Mokka schlürfen und – bar bezahlen. Richard, der Rothaarige, seines Zeichens Zeitungsjunge und Geheimbankier der allerjüngsten deutschen Literatur, ist ebenso verschwunden wie der Oberkellner Hahn, dessen schmieriges Notizbuch eine ziemlich komplette Liste aller Hoffnungen der neudeutschen Geisteswelt verzeichnete, belastet mit vielen Schalen Melange und noch mehr Zigaretten. Auch sein Kollege, den wir Conrad von Hötzendorff genannt haben, weil er dem österreichischen Feldherrn täuschend ähnlich sah, obwohl er es nur bis zum Ersatzreservisten gebracht hatte, ist fort. Paul Lindau ist in ein besseres Jenseits hinübergewandert und die Geschichten, die er allabendlich inmitten einer großen Corona auf dem abgefärbten roten Plüschsofa zu erzählen pflegte, haben längst andere Liebhaber gefunden. Wo ist der Allround-Dichter Maximilian Bern? Wo ist Pawel Barchan, der die »Petersburger Nächte« schrieb? Begas der Jüngere zeichnet keine Figuren mehr auf die Marmorplatte seines Tischs – Figuren, die der brave Herr Pauly niemals abwaschen ließ. Die dichterisch veranlagte Jungfrau, die den appetitlichen Beinamen »Wasserleiche« führte, ist verschollen, Hans Heinz Ewers ist samt seinem Monokel aus dieser Umgebung herausgewachsen, der arme junge Alfred Bratt ist tot, und seine Lena Amsel hat sich in die große Welt und in eine – inzwischen auch längst geschiedene – gräfliche Ehe hineingetanzt. Vorbei! Die übrigen Getreuen haben sich eine andere Ecke auserkoren, eine andere Ecke und ein anderes Café: jenes, das heute fast jeder Berliner kennt, und das ein »romanischer«, wenn auch nicht gleichwertig romantischer Ersatz für das Café Größenwahn geworden ist.

Das Romanische

Heute bemüht sich also das ROMANISCHE CAFÉ, die Traditionen des ehemaligen Cafés Größenwahn aufrechtzuerhalten, so gut es eben geht. In die Notizbücher der Oberkellner habe ich leider keine Einsicht genommen und kann daher nicht sagen, ob die Traditionen auch in dieser Richtung hin aufrecht erhalten werden. Was aber die Gäste betrifft, so kann sich das

Literatencafé par excellence

Romanische in der Tat rühmen, die Nachfolge des Größenwahns würdig zu verwalten. Es ist das Literatencafé Berlins par excellence, so wie es das Café du Dome in Paris ist, oder das Café Central in Wien vor dem großen Exodus war. Wären nicht Dutzende der prominentesten Größenwahnsinnigen ins Romanische übergesiedelt – die Tatsache, dass der Maler Höxter Tag für Tag da ist, genügt vollkommen, die Thronfolge des

Romanisches Café

Romanischen zu legalisieren. Denn John Höxters magere Gestalt mit den eingefallenen Wangen und den wirren schwarzen Haaren personifiziert diese Welt der Berliner Bohème – die leider langsam fossil zu werden beginnt, seit mehr als zwanzig Jahren, und wenn jemals die Geschichte der Berliner Literatencafés geschrieben werden sollte, so wüsste ich keinen besseren Mann für diese kulturhistorische Arbeit als eben Höxter, der hier jeden einzelnen Menschen kennt und jeden mindestens einmal in seinem Leben angepumpt hat. Höxter ist der ruhelose Geist des Romanischen – er irrt von einem Tisch zum anderen, und die bösen Zungen behaupten, dass es ihm einmal sogar gelungen sein soll, Anton Kuh anzupumpen. Die Richtigkeit dieser Information ist allerdings nicht verbürgt.

Man soll aber nicht glauben, dass im Romanischen nur zünftige Künstler und erklärte Bohème verkehren. Das Romanische bietet sozusagen einen »Querschnitt« Berlins, womit aber nicht angedeutet werden soll, dass sämtliche Mitarbeiter dieser vielgelesenen und amüsanten Zeitschrift aus dem Romanischen stammen. (Die meisten allerdings ja.) Es gibt hier von literarisch empfindenden Inseratenagenten – Inseratenagenten haben stets etwas für Literatur übrig – bis zu beliebten Scheidungsanwälten und anerkannten Irrenärzten allerlei Leute. Würde ich das Wagnis unternehmen, sie alle aufzuzählen, so würde der beschränkte Raum dieses Buchs kaum ausreichen, ich muss mich also mit einem flüchtigen Rundgang begnügen, wobei ich versuchen werde, die wichtigsten Gäste sämtlich zu erwähnen.

Ein Querschnitt Berlins

Um mit denjenigen zu beginnen, die sozusagen Renommiergäste dieses einzig dastehenden Lokals sind, mit den Arrivierten also, muss ich die bildende Kunst an die Spitze stellen, und mit dem Cassirertisch anfangen. Bruno Cassirer, der bekannte Kunstverleger und Rennstallbesitzer, ist Stammgast im »Romanischen«, er vertritt aber hier nicht das Kapital, sondern die Kunst und überlässt den Vorsitz am Tisch dem Maler Max Slevogt, während Emil Orlik, der niemals Zeit hat, aber dennoch stets Zeit findet, um einen Blick hier hineinzuwerfen, mit Rudolf Großmann um die Wette skizziert. Orlik und Großmann sind die beiden fleißigsten Zeichner, die ich je gesehen habe. Sie zeichnen bei jeder Tages- und Nachtstunde, bei jeder möglichen und unmöglichen Gelegenheit. Orlik findet dabei stets noch Gelegenheit, die vorbeigehenden Mädchen zu

Die bildenden Künstler

mustern – er zeichnet sich eben durch ewige Jugend aus –, während Großmann immer auf neue Köpfe jagt. Ist an dem Dogma der Seelenwanderung etwas dran, so hat Großmanns Seele in den früheren Zeiten sicherlich in einem waschechten indianischen Skalpjäger à la Karl May gesteckt.

Mopp, Dix, Godal

Es gibt aber auch andere Maler. Vor allem Mopp, den unkundige Leute manchmal mit Höxter verwechseln, bis sie sich überzeugen, dass er nicht Höxter ist, da sie von ihm nicht angepumpt werden. Auch Otto Dix taucht manchmal auf und auch Pechstein, Rudolf Levy und Lederer lassen sich sehen, wogegen die Reportagezeichner der großen Zeitungen allabendlich hier sitzen und Kritiken voll galligen – nicht gallischen – Geistes von sich geben. Godal Conny und Fodor politisieren um die Wette, und Godal erzählt meistens von einem Justizwachtmeister, der ihn auf Geheiß des Landgerichtsrats Soundso aus dem Saal gewiesen hat. Böse Zungen behaupten, dass es in Berlin keinen Gerichtssaal mehr gibt, der nicht wenigstens einen solchen Exodus Godals gesehen hätte, denn er steht bei den Landgerichtsdirektoren durchaus nicht in hoher Gnade. Dazu sind seine Zeichnungen viel zu echt. Auch der Zeichner Dolbin gesellt sich manchmal zu seinen Kollegen. Dolbin ist durch die auffallende Ähnlichkeit seiner Zeichnungen bekannt. Neulich hat er Theodor Wolff gezeichnet. Als der alte Isidor Landau das Bild Wolffs im »Tagebuch« gesehen hatte, meinte er: »Fabelhaft ähnlich … Wann haben Sie mich eigentlich gezeichnet?«

Die Literaten

Was die Literatur anbetrifft, deren Grenzen bekanntlich sehr weit gezogen sind – besonders im Romanischen –, so wird sie durch Leonhard Frank und Arnolt Bronnen ebenso würdig wie modern vertreten. Das Dichtertum repräsentiert

Max Hermann Neißes kluges Gnomgesicht. Auch Jacques Fraenkel ist nicht zu vergessen, der große Kneipenentdecker, der soeben eine neue Kutscherdestille entdeckt hat, und auch der bärtige Herr nicht, der unter dem Decknamen Ladyschnikow an der Populärmachung der russischen Literatur arbeitet. Anton Kuh, der große Ahasver aller Bohèmecafés in Europa, sitzt selbstverständlich jeden Abend im Romanischen, wenn er in Berlin ein Gastspiel absolviert. Zuletzt soll er es schon so weit gebracht haben, dass er im Adlon abgestiegen ist. Kurt Pinthus, der frische Dickschädel, der ebenso wohlbeleibte wie wohlgesinnte Kritiker, erscheint regelmäßig nach den Theaterpremieren und erzählt dann meistens genau das Gegenteil von dem, was er am nächsten Tag schreibt, worüber man sich nicht wundern soll, denn ein guter Schlaf ändert bekannterweise die Denkart des Menschen und Pinthus hat einen wahrhaft gesegneten Schlaf.

Frank, Kuh, Pinthus

Dass Egon Erwin Kisch, der rasende Reporter, ein Stammgast des Romanischen ist, versteht sich von selbst. Er ist sogar ein Überstammgast, denn er nimmt allabendlich Gelegenheit, das ganze Gebiet abzugrasen und einen Cercle zu halten, bevor er zu Schwannecke hinübergeht, wo er sich dann ganz und gar der Politik des Tages widmet … Der junge Mann mit der Hornbrille, der Harold Lloyd so fabelhaft ähnlich sieht, und sich schweigsam mit einem Kognak unterhält, ist der Schriftsteller Franz Schulz. Er gehört zu den angesehensten Leuten im Romanischen, und das hat seine guten Gründe. Denn Franz Schulz ist nicht nur ein geistreicher Schriftsteller, sondern er hat auch einmal von der Autobusgesellschaft 16.000 M. Schadenersatz für eine abgequetschte Zehe bekommen und hat von dieser abgequetschten Zehe ein halbes Jahr lang in Paris und

Kisch, Schulz

Biarritz, in Nizza und Cannes wie ein russischer Großfürst gelebt. Die bösen Zungen, die im Romanischen überaus fleißig sind, behaupten, dass er jetzt ständig auf die Gelegenheit lauert, sich eine zweite Zehe von dem Autobus abquetschen zu lassen … Der gutmütige blonde Riese, der mit ihm zusammensitzt, ist der Verleger Ernst Rowohlt, ein Mann, der aus zwei Gründen berühmt ist und diese Berühmtheit auch verdient. Erstens gehört er zu den sehr wenigen Verlegern, die mit Büchern ein gutes Geschäft gemacht haben, zweitens bringt er es fertig, Glas zu fressen. Ist er gut gelaunt, so verspeist er in aller Seelenruhe das Sektglas, das er eben geleert hat, als ob es sich um ein Kaviarbrötchen handeln würde. Am selben Tisch sitzt ferner ein Mann, von dem behauptet wird, dass er bereits hundert Theater in Berlin gegründet hat. An einer solchen Gründung war auch ich einmal beteiligt – er setzte sich nämlich eines Abends an meinen Tisch, erzählte mir, dass er ein Theater gründen wolle, erzählte mit einer solchen genauen Präzision, mit so viel Daten und Zahlen, Angaben und Namen, dass man nicht an ihnen zweifeln konnte, zog am Ende der Unterhaltung ein fertig geschriebenes Konzessionsgesuch aus der Tasche und meinte treuherzig: »Hier ist das Konzessionsgesuch … ich muss es nur einreichen … Aber: Um es einreichen zu können, muss ich fünf Mark Stempelgebühr entrichten und diese fünf Mark fehlen mir … Nicht wahr, Sie leihen mir die fünf Mark? Sie sollen zu jeder Premiere in meinem Theater zwei Logenplätze bekommen …«

Ernst Rowohlt

Manchmal erscheint auch der Kunsthändler Alfred Flechtheim, sitzt hier mit seiner prominenten Nase und mit dem Rechtsanwalt Hans Braun – angeblich dem Enkel Napoleons –, und wenn die Mitternacht schon näher rückt, erscheint auch

Joachim Ringelnatz, der Kabarettist-Maler-Dichter, dessen Montparnassegestalt von Tisch zu Tisch, von Glas zu Glas schwankt.

Joachim Ringelnatz

Das sind die Prominentesten unter den Stammgästen – Stefan Großmann, den Herausgeber des »Tagebuch«, hätte ich beinahe vergessen, aber er kommt nur noch ziemlich selten –, jedoch sind sie nicht die wirklichen Tonangeber im Romanischen. Der – ziemlich laute – Ton wird viel eher von den weniger Prominenten angegeben, die man nicht einmal nach Typen registriert aufzählen kann, denn ich habe bereits eingangs gesagt, aus welch grundverschiedenen Kreisen sich die Kundschaft des Romanischen rekrutiert. Da sind also Filmleute, die nach Typen suchen, und kleine Mädchen, die gesucht und gefunden werden wollen, Artisten und Dichter, Bauchredner und Gelehrte, Graphologen und Wahrsager, Irrenärzte und Staatsanwälte, Komponisten, von denen Arthur Rebner und Hans May eigentlich unter den Prominenten hätten genannt werden müssen, Dramaturgen, Leute, die Filmmanuskripte loswerden wollen, Tänzerinnen und Zillemädchen. Es gibt einen jungen Mann, dessen Kunst darin besteht, dass er einen ganzen Hühnerhof täuschend nachzuahmen vermag, es gibt ferner auch Leute, die in den Inflationszeiten diesem Lokal hochmütig den Rücken gekehrt haben und jetzt mit reumütigem Herzen und leerer Tasche zurückgekehrt sind. Es gibt Häusermakler und Zigarettenhändler, die hier von Theater und Kunst reden, und es gibt schließlich Journalisten in Hülle und Fülle. Die meisten von ihnen studieren die Zeitungen und sehen nach, ob nicht irgendein Artikel von ihnen im »Prager Tageblatt« nachgedruckt worden ist. Es gibt einige ausländische Ecken, insbesondere russische und ungarische, aber die

Die Galerie

Ungarn sind in neuester Zeit in die KONDITOREI WIEN gezogen, und die Russen sind allein geblieben. Manchmal sitzt in einer Ecke auch irgendein ganz stiller Mann. Das ist ein Kriminalkommissar …

Kommt ein Unkundiger von der Straße hereingeschneit, wobei er von dem allmächtigen und allwissenden Herrn Nietz – dem Portier – sofort als Outsider erkannt, gewertet und folglich über die Schulter angesehen wird, erschrickt er ob des grauenerregenden Qualms, ob dieser teuflischen Luft, die sich aus kaltem Zigarettenrauch und dem Geruch ranziger Gesichtscreme zusammensetzt. Seine Augen tränen, seinen biederen Kneifer benetzt warmer Dampf, seine Nüstern zittern, und er wird sich wahrscheinlich eiligst aus dem Staub machen, denn er wird nie und nimmer verstehen, dass es gerade diese Atmosphäre ist, die die anderen alle anzieht, jene Atmosphäre des entschlafenen Cafés Größenwahn, die sich hierher gerettet hat …

DAS KÜNSTLERVÖLKCHEN

Die Weinstube der Schauspieler –
Klub »Bühne und Film«.

Wenn es jemandem einfallen sollte, in Berlin nach Künstlervolk zu suchen, wird es ihm nicht leichtfallen, solches zu finden. Berlin hat kein Quartier latin, und es kann nicht einmal so etwas aufweisen wie die durch die Simplizissimuswitze berühmt gewordene Münchner Vorstadt Schwabing. Wer in Berlin eine Art Montparnasse suchen wollte, Mansardenromantik, getränkt mit Murger'schen Motiven, der würde enttäuscht werden. Die Geschichte der kleinen Mimi ist in der deutschen Reichshauptstadt nur in der Puccini'schen Version und in der amerikanischen Verfilmung bekannt – im Leben gibt es in Berlin keine Bohème, höchstens einige Bohémiens. Die Berliner Künstler sind keine Vagabunden, sondern in der Mehrzahl sehr ernst und auch sehr geschäftlich denkende Herren, die ein Bankkonto haben, über ihre Einnahmen und Ausgaben genau Bücher führen schon wegen der Steuer – und alle ihre Verträge durch einen Rechtsanwalt abschließen lassen. Sie wohnen zumeist in ihrer eigenen Villa in Lankwitz oder Dahlem – wem es dazu noch nicht langt, haust in einer hochherrschaftlichen Siebenzimmerwohnung in der Kurfürstendammgegend –, sie fahren zumeist im eigenen Auto, und nur wenn sie im Café sitzen, beliebt es ihnen, den Bohémien zu spielen. Es gibt freilich auch echte Bohémiens, aber nicht sehr viele. Wer sich für sie interessiert, muss zwei Lokale aufgesucht haben: das Romanische Café und Schwannecke.

Schwannecke

SCHWANNECKE ist ein vornehmes, zumindest aber ein künstlerisch-bürgerliches Lokal. Eigentlich heißt es »Stephanie« nach der Frau des Besitzers und trägt die schlichte Bezeichnung WEINSTUBE. Da aber sein Besitzer kein Geringerer ist als Victor Schwannecke, Schauspieler, Regisseur und vor etlichen Jahren sogar Münchener Theaterintendant, so wird es lediglich nach seinem Besitzer genannt. Es kann als eine ganz besondere Fügung des topographischen Schicksals bezeichnet werden, dass dieses Lokal sich in der Rankestraße befindet, wenige hundert Meter vom Romanischen Café entfernt, wodurch das bei gewissen Leuten beliebte »Pendeln« zwischen den beiden Lokalen außerordentlich erleichtert wird. Schwanneckes Aufstieg begann mit dem Niedergang von MAENZ.

Die anhaltende Vermehrung der Berliner Theater und die Steigerung der Filmgagen bewirkte, dass es dem Mimen gut ging – den Theaterdirektoren weniger –, und das Künstlervolk kehrte den sauber abgehobelten Holztischen bei Änne Maenz hochmütig den Rücken, um sich an die weiß gedeckten Tische Schwanneckes zu gewöhnen, wo es allerdings von Frau Schwannecke und Herrn Keindl, der über die Kalbfleischpreise genauso gut Bescheid weiß wie über die Prominentengagen, nicht weniger gut bemuttert wird. Gegenüber anderen Lokalen hat Schwannecke einige wesentliche Vorzüge. So hört man hier kein musikalisches Janitscharengeschmetter, denn der weise Schwannecke weiß genau, dass die Musik, wie bereits Altmeister Busch lehrt, oft als störend empfunden werden kann. Ferner gibt es bei Schwannecke die Möglichkeit, beliebig lange dazusitzen, weil Schwannecke nicht nur ein Künstlerlokal, sondern auch ein Künstlerklub ist. Heute ist diese gute Eigenschaft freilich weniger wert, da die hochwohllöbliche Polizei mit uns armen Berlinern doch Einsehen gehabt und uns die Dreiuhr-Polizeistunde zugestanden hat. Früher aber, als man schon um ein Uhr gezwungen war, ins Bettchen zu gehen, gehörte Schwannecke eben zu den sehr wenigen Stätten, wo man ungeneppt weiterhocken und weiterschmusen konnte.

Apropos, Schmus … der größte Meister dieses auf dem Umweg über Wien zu uns gelangten Betäubungsmittels, Paul Morgan – leider kein Verwandter des gleichnamigen Amerikaners –, gehört natürlich auch zu Schwanneckes Stammgästen, die sich in erster Linie aus Schauspielern rekrutieren. Der beliebteste Stammgast ist leider fort: Emil Jannings sitzt an der Dollarquelle in Hollywood und kann nicht mehr durch den engen Gang bei Schwannecke watscheln, ein Vergnügen, das er sich sonst mindestens viermal am Abend zu leisten pflegte. Auch Conrad Veidt hat uns mit seiner schönen Frau verlassen und auch das Ehepaar Corda weilt an den kalifornischen Gestaden. Es sind aber noch genug geblieben. In der einen Nische sitzt also Fritz Kortner, dessen finstere Miene sich nur aufhellt, wenn er dem treuen Hüter der Garderobe, Jonny, seinen Mantel übergeben hat, da sieht man die Hesterberg, den blasierten Forster und den eleganten Anton Pointner, den Dichter Klabund, der dem Vernehmen nach Ehrenbürger der chinesischen Republik werden soll, mit seiner pechschwarzen Gattin Carola Neher, den asketisch-hageren Twardowski, den sich stets mit düsterem Gesicht dahinschleichenden und dennoch stets gutgelaunten Alexander Granach, Gerda Müller und Ernst Deutsch. In der anderen Nische sitzt Direktor, pardon, Professor Saltenburg, der an der Kiewer Universität über die Kunst,

Hier sitzen nur Prominente

Jannings, Veidt, Corda, Kortner

fünf Theater auf einmal zu füllen, Vorträge hält, mit Oscar Straus und dessen Gattin, sowie mit seinem treuen Adlatus, Otto Zarek. Die allerjüngste Literatur wird hier durch Carl Zuckmayer und Erich Mosse vertreten, während Arnolt Bronnen mit dem eigenen Auto vorgefahren kommt. Nicht zu vergessen sind Franz Blei, der große Erotiker, und Wilhelm Herzog, der – nomen non est omen – die zarte Panflöte mit der schrillen Pfeife der Politik vertauscht hat. Friedrich Holländer und Mischa Spoliansky vertreten die Welt der leichtgeschürzten Musik. Kabarettsterne und Revuegirls kommen in der Gesellschaft von gut angezogenen Herren, die sichtlich zum ersten Mal in dieser Welt auftauchen.

Was man hier alles machen kann!

An einem Tisch sitzt eine schöne, schlanke, rothaarige Frau, mit stahlgrauen Augen, deren metallischer Blick beinahe männlich-durchbohrend ist, sehr gut angezogen und mit sehr schönen Händen, die sie sehr dekorativ und eindrucksvoll zu verwenden weiß – das ist Blanche Dergan, die eleganteste Schauspielerin Berlins, eine derjenigen Frauennaturen, die um ihrer Energie, Klugheit und Konsequenz willen von jedem Mann beneidet werden können. Manchmal blitzt ein Monokel unter einer schneeweißen Haardecke auf – das ist Franz Molnar. Neben ihm seine bezaubernde Frau

Dergan, Molnar, Darvas, Seeler

Blanche Dergan

Lilly Darvas. Rudolf Kommer und Morris Gest, Reinhardts amerikanische Herolde und Manager, vergessen es nie, Schwannecke aufzusuchen, wenn sie in Berlin sind. Um ein Uhr nachts erscheinen die Kabarettgrößen: Willy Schaeffers und Paul Nikolaus. An einem kleinen Tisch hält Moritz Seeler einen Vortrag über die junge Bühne und schielt nach den Journalisten hin, die langsam durch die Tür hereinsickern.

Denn die Berliner Presse favorisiert Schwannecke nicht weniger als das Romanische Café, und wenn jemand um Mitternacht zwischen den Nischen herumhört, kann er den Eindruck haben, er hörte eine Zeitung. In der einen Nische gibt Leopold Schwarzschild einen Leitartikel von sich, den man gegebenenfalls drei Tage später im »Tagebuch« lesen kann, oder aber knobelt er einen neuen wirtschaftspolitischen Feldzug aus – immer mit Zwischenrufen von Egon Erwin Kisch. Kaum hat Schwarzschild den Leitartikel oder den Handelsteil abgeschlossen, übernimmt Georg Fröschel das Wort und mit ihm erscheint die Gerichtsrubrik auf der Oberfläche. Otto Katz, Berlins jüngster Theaterdirektor, betätigt sich hier am Abend als Liebhaber-Theaterkritiker, während seine Frau, die Schauspielerin Sonja Bogs, mit einer anderen Schauspielerin und Journalistengattin, der Ungarin Camilla von Hollay, Kochrezepte oder Abendkleider bespricht. Gesellschaft, Vermischtes, Mode. Daneben sitzt Alex Binder, Berlins umfangreichster, dafür aber auch bester Fotograph, mit der zierlichen Russin Elisabeth Pinajeff und hält einen langen Vortrag – nicht über Fotographie, sondern über Autofahren. In der nächsten Nische begräbt Ralf Nürnberg mit Walter Steinthal irgendeinen Theaterdirektor, und in der dritten Nische zerfetzt Leo Lania langsam, ruhig und gelassen wie stets einen neuen Film.

Hier sitzt die Berliner Presse

Schwarzschild, Kisch, Fröschel, Binder

Hat es aber eine Theaterpremiere in Berlin gegeben, so gewinnt Schwannecke ein ganz anderes Gesicht. Um Mitternacht erscheinen dann die zünftigen Theaterbesucher, im Smoking, wie es sich für einen wohlerzogenen Kritiker geziemt – denn die gestärkte Hemdbrust stärkt auch das Bewusstsein –, sie erscheinen also in Begleitung ihrer Damen, setzen sich hin, bestellen ein Kalbsteak au four, und die Verhandlung wird eröffnet. Schwannecke verwandelt sich in einen Gerichtssaal. Das Femegericht der Berliner Bühnen nimmt die Arbeit auf und urteilt ohne Prozessordnung und Staatsanwalt, ohne Verteidiger und ohne Plädoyers, in ständiger Abwesenheit der bedauernswerten Angeklagten, die erst am nächsten Tage erfahren müssen, dass es viel besser gewesen wäre, wenn sie das Rampenlicht niemals erblickt hätten …

Die Ungenießbaren beim Genießen

Die Folge dieser kritisch-gerichtlichen Tätigkeit bei Schwannecke ist, dass dieses Lokal sozusagen als Barometer der Berliner Bühnen anzusehen ist. Jeder Kellner bei Schwannecke kann genaue Auskunft darüber geben, in welches Theater man gehen soll, und die Auskünfte, die man von den Kellnern bei Schwannecke bekommt, sind erheblich objektiver als die Auskünfte, die die Hotelportiers geben können. Denn die Portiers bekommen Provision von den Theatern, die sie empfehlen, die Kellner bei Schwannecke sprechen aber ohne jegliches Interesse. Sie sind sozusagen Kritiker aus Liebhaberei …

*

Wieder ganz anders ist der Klub »Bühne und Film«, der sich gleichfalls in der Nähe befindet – weil es nämlich Leute gibt, die an einem Abend gleich die ganze Tour abnehmen wollen.

Der Klub »Bühne und Film«

Wenn das Romanische Café bohèmemäßig und Schwannecke bürgerlich ist, so ist der Klub »Bühne und Film« eine elegante Stätte mit Sekt, mit Jazz, mit Tanz und mit Ecarté für den mondänen Künstler, der sich lieber über die Bedeutung des Black Bottom und über die gesammelten Werke von Doeuillet und Poiret unterhält als über Bronnen den Stab »brecht«. Dieser Klub, der sich jetzt in der Fasanenstraße befindet, wurde noch in jenen bewegten Zeiten gegründet, in denen sich Berlin in den Konvulsionen des danse macabre vom Kriegsende wand, und in seinem ersten Heim in der Hardenbergstraße wurden zwei Jahre lang die erbittertsten Kartenschlachten auf dem Feld des grünen Tischs ausgefochten. Schlachten, die um große Summen gingen, und in denen manches Vermögen dahinschmolz und manches neu erstand. Als dann die heilige Hermandad der Spielleidenschaft engere Grenzen zog, war die Leitung des Klubs klug genug, umzulernen, und so entstand in Berlin der erste richtige gesellschaftliche Künstlerklub, neben dem Deutschen Bühnenklub, der bekanntlich nur Herren als Mitglieder aufnimmt.

»Bühne und Film« ist erheblich liberaler, und die Folge davon ist, dass an den Samstagabenden in allen Räumen ein fürchterliches Gedränge herrscht, die Garderobenfrauen seufzen, die Kellner die Bedienung einstellen, und die Eintagsgäste glücklich sein können, da ihnen bei jedem Schritt ein anderer Prominenter auf die Füße tritt.

Wer also ein brennendes Interesse daran hat, die Helden und Heldinnen der Bretter und der Leinwand näher kennenzulernen, dem ist zu empfehlen, den Klub »Bühne und Film« aufzusuchen, wo er die ganze Flimmerwelt aus allernächster Nähe sehen kann. In den Klub kann man selbstverständlich nicht ohne Weiteres gelangen – man muss durch ein Mitglied eingeführt werden.

Nicht vor 10 Uhr abends!

Bis zehn Uhr abends ist der Klub leer. Bis dahin gähnen die Boys, Heinz Gordon, der Lustspieldichter, der hier als Klubwart fungiert, sitzt in einem Fauteuil und knobelt einen Lustspielknoten aus, der noch nicht da war, und nur einige Unentwegte fechten in den Spielsälen ein kleines Rommy-Scharmützel aus. Vorpostengefecht. Um zwölf muss Gordon bereits überlegen, ob es nicht doch vorteilhaft wäre, ein Schwalbennestzimmer einzurichten oder aber zumindest einige Hängematten für die spät kommenden Gäste zu besorgen. Einer der ersten Gäste ist der Zeichner Theo Matejko, der entweder vom Boxkampf oder vom Eishockey kommt, mit seiner blonden Frau und mit seinem Pariser Kollegen Derso – aus Ungarn gebürtig –, der als Völkerbundkarikaturist weltberühmt geworden ist, den aber noch kein Sterblicher jemals zeichnen gesehen hat. Derso zeichnet nämlich aus dem Gedächtnis. Er sieht sich die Leute genau an, geht dann nach Hause und zeichnet dort. Übermäßig strengt er sich allerdings auch dort nicht an.

Matejko, Derso, Heidemann, Hesterberg, Bissing

Am Vorstandstisch sitzt Paul Heidemann, der ewig junge, und erzählt Witze. Daneben präsidiert am Hallertisch Hans von Bleichröder mit einer entzückenden jungen Dame, die offenbar die Nachfolge der Orska angetreten hat. Der Tisch heißt deshalb Hallertisch, weil er Max Ehrlich, Trude Hesterberg und die schwarze Steffi Bissing aus der Hallerrevue aufweist. Die beiden Damen haben auch eine hübsche amerikanische Kollegin mitgebracht, von der die Legende erzählt wird, dass sie jeden Morgen in die Kirche geht und dort den lieben Gott um Erlaubnis bittet, am Abend ziemlich unbekleidet tanzen zu dürfen. In demselben Saal pflegen auch die berühmten

Nichtkünstlergäste des Klubs zu sitzen, vor allem Philipp Scheidemann, den man recht oft hier sehen kann, dann auch Reichstagspräsident Löbe, der manchmal mit seinem Freund, dem Direktor Heltai von der Städtischen Oper, hier erscheint, oder aber Dr. Weiß, der Polizeivizepräsident, der früher wesentlich öfter Gast des Klubs war, jetzt aber keine Zeit mehr findet, hinzukommen. Auch der Pressechef der Reichsregierung, Ministerialdirektor Zechlin, wirft manchmal einen Blick in diese bunte Welt, denn Minister Stresemann, der ja drüben im Deutschen Bühnenklub Mitglied und Stammgast ist, und auch hier öfters zu sehen war, hat Schule gemacht.

Die meisten Gäste sind freilich aus Filmland, wenn aber jemand meinen sollte, dass alle Leute, die hier sitzen, vom Fach sind, würde er sich schwer irren.

Gar manch »interessanter« Kopf betätigt sich in der Bekleidungsindustrie oder in einer anderen prosaischen Branche. Der Film überwiegt aber doch, und selbst die vielgewandte Feder Egon Jacobsons, des Spezialverwandlungskünstlers der »B. Z.«, der heute als Wurstmaxe und morgen als Zeitungsjunge Berlins Straßen durchstreift, und der hier seit Jahren Vorstandsmitglied ist, würde kaum ausreichen, um alle Namen aufzuführen. In einer Ecke steckt der Regisseur Dupont seinen Kopf mit der strahlenden Blondheit Lee Parrys zusammen. B. E. Lüthge knobelt eine neue Rolle für seine Frau Hanni Weiße aus, Camilla Horn tanzt mit dem jungen Ungarn Ernst Verebes Charleston – die angemessenste Betätigung für eine Gretchendarstellerin. Filmregisseure kommen und gehen, es wird geflüstert, gehandelt, vermittelt, verschachert, geflirtet, geklatscht, geschimpft, getrunken und getanzt. Wortfetzen in zehn Sprachen schwirren herum. Inhaberinnen von Mode-

Ja wer kommt denn da?

salons stellen mit Genugtuung fest, dass ihre Kundinnen am besten angezogen sind, und der neue Frack von Eugen Burg, dem ewig eleganten, erregt allgemeines Aufsehen. Man sieht viele junge, frische Gesichter, die hier die erste Stufe einer steil nach oben führenden Filmkarriere erklettern wollen, Sektgläser klirren, und in dem Tanzsaal wird die neueste Abart des Charleston getanzt, der Sardinentanz, jener erotische Probegalopp, bei dem jeder verpflichtet ist, die Ellenbogen in die Flanke des Nachbartänzers zu bohren.

Der Sardinentanz

Oben aber, in der oberen Etage, herrscht die heilige Stille der indischen Pagoden. Dort regiert der große Herrscher Chouette und zieht Männlein und Weiblein in seinen Bann. Still und schweigsam, wie ein Hohepriester, waltet der Chouetteur seines Amts, verteilt die Karten. Hundert Augen hängen an den Blättern, ebenso viele Hoffnungen. Die Croupiers zählen die bunten Chips … es geht nichts mehr … und die großen Fische schlucken rettungslos die kleinen, die sich mit einem Barvermögen von fünf Reichsmark an den großen grünen Tisch gesetzt haben. Die drei großen Matadore kämpfen mit- und gegeneinander: Robert Liebmann, Alfred Abel und Emanuel Marx. Das Herunterfallen einer Stecknadel könnte man deutlich hören … Bis früh um sieben.

*

Wer sich für das Künstlervolk interessiert, dem wird wohl bereits aufgefallen sein, dass unter den vielen Namen, die in diesem Kapitel bisher erwähnt waren, fast kein Musiker, kein Sänger und keine Sängerin vorkommt. Das hat aber seinen guten Grund.

Die Berliner Musikwelt

Die Berliner Musikwelt bildet einen Komplex für sich, und dort, wo man die bekanntesten Köpfe von Theater und Kunst, von Film und Presse sieht, begegnet man kaum einem Musiker. Die Großen der musikalischen Welt haben ihr eigenes Stammlokal, und zwar eine kleine Weinstube in der Königstraße, in der Nähe der Klosterstraße, die WEINSTUBE VON MITSCHER UND CASPARY, wo sie jeden Sonnabend ein großes Palaver abhalten. Früher bevorzugten sie die KÜNSTLERKLAUSE VON STALLMANN in der Jägerstraße, deren Eigentümer selbst Musiker ist, und ehemals den Berlinern als Kapellmeister sehr bekannt war. Der Künstlertisch bei Stallmann hat sich aber aufgelöst, und an seiner Stelle begründete Ludwig Renner, der Kritiker, bei Mitscher und Caspary einen neuen Künstlertisch, der sich sehr schnell zu einer stattlichen Künstlerversammlung entwickelte. Sein zweiter Vorsitzender ist allerdings ein Geheimrat – Geheimrat Kalle, der aber in seinem Privatleben mit der Kunst verheiratet ist, und zwar im strengsten Sinne des Wortes, denn seine Gattin ist Erika Gläßner, die man mit ihm sehr oft am Neuen Künstlertisch sehen kann. Dieser Künstlertisch vereinigt nun alles, was in Berlin eine Stimme zum Singen hat, oder einen Taktstock zum Dirigieren. Erich Kleiber und Leo Blech, Georg Szell und Max Schillings verkehren hier ebenso wie Schützendorff, die Baronin Strantz-Führing, die Witwe des verstorbenen Operndirektors, Barons von Reznicek, und viele andere. Auch die Musikkritiker bleiben nicht zurück, und Richard Wilde diskutiert hier mit Rudolf Lothar oder Leo Heller, der allerdings in anderen Lokalen heimischer sein dürfte – in jenen Lokalen, wo weniger die schöne Stimme als die raue Faust tonangebend ist, denn Heller ist der größte Kenner und treueste Chronist der Berliner Verbre-

Kleiber, Blech, Szell, Schillings

cherwelt. Er ist übrigens der einzige Berliner Journalist – neben Hans Brennert und W. Kiaulehn –, der das Berliner Argot vollkommen beherrscht, und das ist umso bemerkenswerter, als er aus Teplitz in der Tschechoslowakei stammt …

Und die Radioleute

Ebenso wie die Musiker haben sich auch die Radioleute eine Sonderstätte auserkoren: das kleine Restaurant KÜNSTLER-ECK in der Genthiner Straße, das der freundlichen Frau Usbeck gehört und in dessen behaglichen Räumen schon früher viel Künstlervolk verkehrte. Hier sitzt Carl Wallauer, der brave Kämpe aus der Bühnengenossenschaft, mit Paul Wegener und Karl Platen, mit Clemens Schmalstich, dem hoffnungsvollen jungen Wolfgang Zilzer und dem Radio-Kleeblatt, unter dem man Direktor Knöpfke, die Seele des Berliner Rundfunks, seinen Mitarbeiter Bredow und Alfred Braun verstehen muss. Ein anderer Künstlertisch – ernster und dramatischer Natur – besteht noch im WEINRESTAURANT HUTH in der Potsdamer Straße, wo Eugen Klöpfer, Werner Krauß und Albert Steinruck mit Arnolt Bronnen und Bert Brecht dafür sorgen, dass dem modernen deutschen Drama die Inspiration nicht ausgeht.

BERLINER NÄCHTE

Jubel, Trubel, Heiterkeit – Die Vergnügunslokale im Westen – Das Eldorado.

Ich weiß sehr genau, dass ich mit diesem Kapitel an dem heikelsten Punkt der Aufgabe, die ich mir gestellt habe, angelangt bin. Wohin geht man am Abend? Ins Theater, ins Kino, in eine Revue, zum Sechstagerennen, in ein Konzert, ins Tanzrestaurant, oder zum Galaabend eines Hotels ... Sehr schön. Bis zu diesem Punkt wird jeder in diesem Büchlein Aufschluss finden können. Es wäre aber eine Vermessenheit, dem Leser auch dann noch mit einem Wegweiser dienen zu wollen, wenn er weder für Theater noch für Kino, weder für Sport noch für Essen Interesse haben sollte. Und wenn jemand glaubt, dass dieses Kapitel nun im wahrsten Sinn des Wortes ein Wegweiser durch die Berliner Nacht werden wird, so muss ich ihn in aller Demut schon vorweg darauf aufmerksam machen, dass ich mich nicht für berufen halte, einen solchen Wegweiser zu schreiben. Denn die Nächte Berlins sind so bunt, so stark pulsierend, so heiß und so sehr von einer steten Jagd nach Vergnügen und Unterhaltung erfüllt, dass es wohl kaum einen Menschen geben wird, der irgendjemandem vollwertige, fehler- und lückenlose Ratschläge geben könnte, wie und wo man sie verbringen soll.

Jetzt geht's los!

Ich habe mir Mühe gegeben, die Theater und Kinos zu schildern, zu sagen, wo man gut essen kann, den Sportbegeisterten unter die Arme zu greifen, die Musikliebhaber zu unterrichten – ja, ich unternehme sogar das Wagnis, bei einem Ausflug in die Unterwelt Berlins als Führer zu dienen –, aber mit all dem habe ich die Berliner Nacht, diese lichterfüllt glitzernde, sektperlende, jazzbanderfüllte, laute, fast überlaute, und stets überquellende Berliner Nacht noch lange nicht erschöpft, diese Berliner Nacht, die trotz Fremdenverkehrs und Zustroms aus der Provinz in erster Linie doch dem Berliner gehört. Denn in Paris und Wien und in vielen anderen Städten geben dem Nachtleben zumeist die Fremden das Gepräge – aber der Berliner lässt sich die Nacht nicht nehmen. Der Berliner will sein Vergnügen haben, er will sich amüsieren, er gehört nicht zu denen, die mit den Hühnern schlafen gehen, und überall, wo die Berliner Nacht leuchtet und glitzert, jazzt, tanzt und quietscht, sind die Berliner in der Mehrzahl, und es ist vielleicht symbolisch, dass die beliebteste Gestalt der Berliner Nachtwelt, der Mann, der die Jazzmusik nach Berlin verpflanzt hat, auch nicht aus Neuyork oder Frisco stammt, sondern aus Berlin. Er heißt Eric Borchard und ganz Berlin kennt ihn.

Der Berliner lässt sich die Nacht nicht nehmen

Abgesehen von den Theatern und Kinos, von den Konzertsälen, dem Sechstagerennen – wenn es eins gibt –, von den eleganten Hotels, den Restaurants, Cafés und Konditoreien, von den unzähligen Bars, Dielen, Tanzlokalen, und Kabaretts, die nur ein wohlbeleibtes Adressbuch aufzuzählen vermag, abgesehen von dem Trubel der beiden Berliner Vergnügungszentren, der lichtüberfluteten Friedrichstraße und dem Kurfürstendamm, abgesehen von der Jäger- und Behrenstraße, wo in jedem Haus ein Nachtlokal blüht, abgesehen von FAUN und LIBELLE und KAKADU, wo bei freiem Eintritt das Programm der 1000 schicken Beine abrollt, wo – wie die Zeitungsinserate

Die Qual der Wahl

anpreisen – »ein Heer eleganter Frauen in wirklicher Schönheit« bewundert werden kann, abgesehen auch von den wirklich sehenswerten Varietéprogrammen der großartigen SCALA und des WINTERGARTENS, abgesehen auch von den Tänzen im WEIDENHOFKASINO und von der »tollen Woche« im FAUN des Westens, abgesehen also von all dem, möchte ich die Berliner Nachtlokale, die ich für wirklich und wahrhaftig sehenswert halte, in zwei Teile teilen: Es gibt Lokale, von denen man spricht, und es gibt welche, von denen man nicht spricht, in die man aber nichtsdestoweniger doch hineingeht.

Pavillon Mascotte

Ein Lokal, von dem man spricht, ist der PAVILLON MASCOTTE im Zentrum der Stadt. Zweifellos das eleganteste Nachtlokal Berlins, mit dem PALAIS DE DANSE, das früher einmal noch berühmter war, aber heute diese Berühmtheit stark eingebüßt hat. Das PALAIS war noch vor etlichen Jahren der Sammelpunkt der eleganten Berliner Halbwelt, die ihre Tour hier begann, um dann nach einem Abstecher bei dem seitdem entschlafenen TONI GRÜNFELD um fünf Uhr früh in der gleichfalls entschlafenen PICCADILLYBAR zu landen. Heute ist das Palais nur noch ein Tummelplatz der nächtlichen Schmetterlinge, die bessere Welt – auch jene halbe, die man von der ganzen kaum noch unterscheiden kann – hat sich in den Pavillon Mascotte verzogen, der eine der schönsten Tanzstätten Europas ist, aber der Schwerpunkt des vornehmen Nachtlebens hat sich zu siebzig Prozent nach dem Westen verschoben. Im Zentrum behauptet sich der Pavillon Mascotte fast allein.

Dafür kann der unternehmungslustige Fremde, der sich für das Knallen des Sektpfropfens besonders interessiert, im Westen eine ganze Schar von Lokalen finden: die VALENCIA in der Kantstraße, die BARBERINA in der Hardenbergstraße und das neue, elegante und vornehme PALAIS AM ZOO an der Gedächtniskirche, um die zahllosen Kasinos, Dielen und Bars, die in der weiteren Umgebung ihr Dasein fristen, gar nicht aufzuzählen.

Die Vergnügungslokale im Westen

Früher, als die hochwohllöbliche Polizei die Nachtlokale um ein Uhr schloss, gab es gar zu viele geheime Lokale, für jene, die nicht schlafen gehen wollten, und wenn man nach Mitternacht durch die Friedrichstraße schlenderte, so konnte man sich kaum vor den Schleppern retten, die unerhörte Genüsse versprachen und schließlich in irgendeinen Keller führten, wo man für 30 oder 40 Mark eine Flasche schlechten Sekt und dazu einige sehr fragwürdige, dafür aber umso nacktere Tanznummern serviert bekam. Dieser Unfug ist jetzt stark eingedämmt worden, hat aber noch nicht aufgehört, und der Fremde sei hiermit noch gewarnt, den Schleppern, die ihn ansprechen sollten, zu folgen. Er wird nur geneppt, wird sein Geld los und wird sich ärgern. Sehen wird er wenig und erleben noch viel weniger.

Eldorado

Es gibt aber in Berlin Nachtlokale, von denen man nicht spricht, oder auch nur weniger spricht, die aber viel charakteristischer für die Berliner Nacht sind als die großen Tanzlokale mit ihren goldstrotzenden Marmorpilastern. Da steht zum Beispiel über dem Eingang des ELDORADO in der Lutherstraße geschrieben: »Hier ist's richtig«. Und es ist wirklich so.

Hier ist kein Luxus und keine Pracht zu finden. Der Saal ist einfach – dafür verkündet ein Plakat die Prämierung des schönsten Kostüms. Erster Preis ein lebender Affe, zweiter Preis ein lebender Papagei! Man sitzt um eine kleine Tanzfläche, die Jazzband poltert einen Charleston, es ist übervoll, rauchig und qualmig, verrückt und originell. Frack und Lodenanzug, Hermelin und Jumper durcheinander. Papierschlangen sausen um die tanzenden Paare. Betrieb –, ja Hochbetrieb, Stimmung, ja Hochstimmung.

Die schönsten Frauen Berlins

Und in diesem Lokal sieht man – ich übertreibe nicht – die schönsten, elegantesten und lustigsten Frauen Berlins, gefeierte Schauspielerinnen, Damen der Gesellschaft, die hier ihre gesellschaftlichen Hemmungen ablegen, elegante Männer, Schriftsteller, Künstler, Hochfinanz. Lebewelt, wenn es so beliebt, daneben aber kleine Mädchen, Tänzerinnen, Journalisten, Filmgrößen, Zeichner und Maler und bürgerliche Ehepaare, Tisch an Tisch mit Leuten, die ganz anderen Kreisen angehören.

Über diesem Lokal waltet selbstverständlich ein Geheimnis, das aber gelüftet werden soll, weil es eben zu den Geheimnissen der Berliner Nacht gehört. Dieses Lokal also, das zu den beliebtesten Nachtlokalen Berlins gehört, rekrutiert sein eigentliches Stammpublikum aus jenen Kreisen, in denen die Mathematik der Liebe nicht ganz ohne Fehler ist. Hier tanzen nicht nur Männer mit Frauen, sondern auch Frauen mit Frauen – ja, auch Männer mit Männern, und der gutmütige Herr aus Sachsen, der da mit der blonden Sängerin tanzt, hat keine Ahnung davon, dass diese blonde Fee – ein Mann ist. Er weiß auch bestimmt nicht, dass rings um ihn noch zwei Dutzend andere Männer in Frauenkleidung tanzen, trinken und flirten. Die anderen freilich wissen es. Und sie kommen eben aus diesem Grunde hierher, weil sie hier ausgelassener sein können als anderswo, weil sie gewisse Hemmungen und Einstellungen ohnehin mit dem Paletot in der Garderobe abgeben müssen – weil sie hier in eine Atmosphäre kommen, die in den großen vornehmen Nachtlokalen nicht zu finden ist.

Das Eldorado gehört aber trotz seines Stammpublikums noch immer nicht zu denjenigen Lokalen, von denen man wirklich nicht spricht. Eldorado ist sogar in Mode – es gibt aber Lokale der gleichen Sorte und des gleichen Stammpublikums, die wirklich nur Eingeweihten bekannt sind und die als

Hochstimmung im Eldorado

Studium recht wertvoll erscheinen müssen, wie das altbekannte CAFÉ MIKADO in der Puttkammerstraße, das Marienkasino in der Marienstraße und die VERONADIELE.

Das sind die Pole der Berliner Nacht – die Lokale, von denen man nicht spricht. Sie sind nicht vornehm, nicht elegant, strotzen nicht von Goldzieraten, bunten Teppichen und echtem Marmor, sind aber vielleicht doch viel interessanter als jene Lokale, von denen man so viel gehört hat, bevor man nach Berlin gekommen ist.

DIE UNTERWELT BERLINS

Dunkle Stadtgegenden – Ab Mitternacht beginnt das Leben – Hundegustav und Gemahlin.

Jede Großstadt hat ihre Unterwelt, und diese Unterwelt dürfte gewiss für viele Besucher von Interesse sein. Wie es abenteuerlustige Menschen gibt, die, wenn sie nach London fahren, nicht nur den Lichterglanz von Pall Mall Street, das hastende Leben des Piccadilly Circus, nicht nur die Hotels, Restaurants und Klubs, sondern auch die berüchtigten Straßen und Gässchen von Whitechapel und Poplar sehen wollen, so wird es gewiss Leute geben, die sich für die Unterwelt von Berlin interessieren werden. Verbrecherromantik ist nun einmal eine Art von Romantik, und aus vielen Menschen ist sie nicht auszurotten. Deshalb wäre dieses Buch, das jenes Berlin zeigen soll, das nicht in dem offiziellen Reiseführer steht, wahrhaftig unvollkommen, wenn es nicht auch einen Blick in die Berliner Unterwelt gewähren würde, in die Welt der Kaschemmen, in das Whitechapel Berlins.

Die Polizei wird arbeitlos?

Um gleich damit anzufangen – ein richtiges Verbrecherviertel, wie jenes Whitechapel, das durch so viele Abenteuerromane und Kriminalgeschichten eine Art Weltberühmtheit erlangt hat, gibt es in Berlin nicht. Früher einmal, als das Scheunenviertel noch existierte, hätte man diese Gegend als eine Art Verbrecherviertel bezeichnen können, aber das Scheunenviertel ist jetzt bebaut und umgebaut, jedenfalls ist es verschwunden, und Berlin hat kein ausgesprochenes Verbrecherviertel mehr. Es gibt eine Reihe von dunklen Stadtgegenden in Berlin, die am Tage nüchterne Arbeitergegenden zu sein scheinen, Arbeitergegenden mit grauen, kahlen und schmutzigen Häusern. Aber diese großen Häuser mit den vielen Höfen, Hintertreppen, Nebengelassen und Gängen beherbergen nicht nur solche Leute, die ihrer Arbeit oder ihrem Gewerbe nachgehen. Beim Einbruch der Nacht bekommen sie und die Straßen, in denen sie stehen, ein ganz anderes Aussehen, ein ganz anderes, vollkommen verändertes Gesicht.

Wenn die ersten Laternen ihr fahlgelbes Licht auszustrahlen beginnen, wenn die spielenden Kinder von der Straße verschwinden, wenn die ersten geschminkten Mädchen erscheinen, die mit der unvermeidlichen Handtasche am Arm und mit dem unvermeidlichen Lächeln auf den Lippen durch die im Grau der Dämmerung verschwimmenden Straßen streichen, dann verwandeln sich diese Straßen des Nordens und des Ostens. Auch im Westen gibt es viele Verbrecherlokale, aber diese haben sich dem Charakter ihrer Umgebung angepasst.

Hier ist das Verbrechen zu Hause

Dagegen sind LICHTENBERG, die Gegend um den SCHLESISCHEN BAHNHOF und um die JANNOWITZBRÜCKE herum, die Gegend um den ALEXANDERPLATZ, wo das rote Gebäude des »Alex«, das gefürchtete Polizeipräsidium, steht, MOABIT und WEDDING, die Stadtteile, wo das Verbrechen in Berlin vornehmlich zu Hause ist, wo jene dunkle Gestalten durch die Nacht huschen, die allen Grund haben, das Licht zu scheuen.

Die berüchtigten Straßen sind bis Mitternacht ausgestorben. Zumindest fast ausgestorben, bis auf die Strichmädchen, die als einzige Spaziergängerinnen, unermüdlich, die finsteren Straßen beleben. Die Häuser schweigen. Die Fenster sind dicht verhängt. Kein Laut tönt aus den Häusern, nicht einmal aus den Lokalen, und nur hie und da dringt aus einer Destille ein mattgelber Lichtschein. Erst um Mitternacht beginnt es in diesen Straßen lebendig zu werden. Dann tauchen wieder Gestalten auf, neue Gestalten, die ganz anders gehen, ganz anders schreiten, ganz anders sprechen und sich anders bewegen als die Leute, die diese selben Straßen bei Tag beleben. Die Mütze tief ins Gesicht gezogen, die Hände in den Hosentaschen, die Zigaretten in den Mundwinkeln, schlendern sie dahin. Sie haben es fast niemals eilig, sie scheinen stets Zeit zu haben. Dann bleiben sie vor einem Hause stehen, eine bis dahin unsichtbar gebliebene Tür öffnet sich, und die dunklen Gestalten verschwinden plötzlich in einer jener berüchtigten Kaschemmen, von denen man in den Zeitungen und in den Kriminalnovellen so viel lesen kann.

Ab Mitternacht

Wer nun eine solche Kaschemme einmal aus der Nähe sehen will, wer einen Blick tun will in die Unterwelt, sei es nur, weil ihn Abenteuerlust oder pure Neugierde verleitet, diese stickige Luft zu atmen, sei es, dass er ein Mann ist, den ernste Studien in die finsteren Straßen des Nordens oder des Ostens getrieben haben – er kann sein Vergnügen haben.

Es gibt in Berlin eine ganze Reihe von Lokalen, die ganz ausgesprochen zu den Lokalen der Verbrecherwelt gehören, Lokale, in denen schon manch »schwerer Junge« von der »Polente« ergriffen wurde, um dann einige Jahre hinter den »schwedischen Gardinen« zu verbringen, – die ein anständig angezogener Mann aber trotzdem aufsuchen kann. Es ist freilich nicht gerade ratsam, allein hinzugeben, und es ist schon empfehlenswerter, wenn man diesen Ausflug in der Begleitung irgendeines Berliner Freundes unternimmt, der die betreffende Stätte nicht gerade zum ersten Male aufsucht. Aber es geht. Die Stammgäste des HUNDEGUSTAV werden zwar sofort merken, dass jemand gekommen ist, der nicht zu den Zünftigen gehört, aber sie werden weiter kein Aufhebens davon machen, denn es ereignet sich durchaus nicht selten, dass Gäste aus der anderen Welt an dieser Stätte erscheinen. Gibt es doch Herren und auch Damen der Berliner Lebewelt, die bei Hundegustav bekannte und gern gesehene Gäste sind.

Hundegustav

Das Lokal Hundegustavs befindet sich an der Ecke der Borsigstraße und Tieckstraße und hat früher einmal Borsigkeller geheißen, wird aber jetzt allgemein nur noch nach seinem ausgezeichneten Besitzer genannt, der früher Hundefänger war und seinen Spitznamen dieser Tatsache verdankt. Die Spitznamen sind in der Kaschemmenwelt von besonderer Wichtigkeit, denn hier nennt man keinen Menschen bei seinem richtigen Namen. Der Name, der im Taufschein steht, ist nur für die Polizei. Damit soll sich das Einwohnermeldeamt amüsieren. Hier gelten die Namen, die ein jeder durch seine besonderen Eigenschaften erworben hat – und die er manchmal recht sauer verdient hat. Soldatenemil heißt zum Beispiel deshalb so, weil er jahrelang eine abgeschabte und fadenscheinig gewordene feldgraue Uniform getragen hat und stets stolz erwähnt, dass er es im Felde bis zum Gefreiten gebracht habe. Seitdem hat er es noch weiter gebracht – aber davon soll lieber geschwiegen werden. Gurkenjule heißt deshalb Gurkenjule, weil sie saure Gurken bevorzugt, obwohl dieser Genuss sie in ihrer beruflichen Tätigkeit, die erst nach Abenddämmerung anfängt, gewiss nicht zu unterstützen vermag. Klamotten-Ede und Rabenkarle

Soldatenemil, Gurkenjule, Klamotten-Ede und Rabenkarle

sind ebenfalls bekannte Stammgäste Hundegustavs, besonders der Rabenkarle, der von seinen vierzig Lebensjahren wohl die Hälfte hinter den obengenannten »schwedischen Gardinen« verbracht hat. Rabenkarle ist übrigens zurzeit vollkommen unbelastet und er begrüßt sehr freundlich jeden Kriminalbeamten, der in die Kaschemme eintritt.

Der Wirt ist ein Riesenkerl mit gewaltigen roten Tatzen, er wiegt bestimmt seine zwei Zentner, der Hundegustav, er geht zwischen den Tischen geschäftig hin und her und unterhält sich mit seinen Gästen. An dem einen Tisch sitzen zwei über und über geschminkte Dirnen mit zwei jungen Kerlen, an dem anderen beraten zwei Neger, am dritten erholt sich ein Chauffeur von den Anstrengungen einer Schwarzfahrt, am vierten sitzt eine Lebedame aus dem Berliner Westen, die hierherkommt, um die Luft zu atmen, die sie in ihren Kinderjahren eingeatmet hat. Es ist schon sehr spät, denn bei Hundegustav beginnt der eigentliche Betrieb erst nach der Polizeistunde. Die richtigen Gäste erscheinen erst so um drei Uhr herum – die Kapelle, die aus einem Banjospieler und einem Gitarrenspieler, einem ganz jungen Kerl, besteht, spielt einen Schmachtfetzen nach einem Tango, und nach einem schmissigen Charleston flötet sie irgendein Limonadenlied. Einige Leute singen mit – denn die Leute, die hier verkehren, und zwar diejenigen, die hier nicht nur aus Jux, nicht nur aus Neugierde verkehren, sondern die hier wirklich zu Hause sind, die sind im Grunde genommen sentimentale Leutchen und Gefühlsmenschen, wenn sie auch nach dem Urteil der Welt zu den »Verlorenen« gehören.

Frau Hundegustav

Die wichtigste Person ist Frau Hundegustav, die »Bostin«, wie man hier die Wirtin nennt. Sie begrüßt jeden neu eintretenden Gast mit einem freundlichen Lächeln, ladet ein, Platz zu nehmen, nimmt die Bestellungen an und schickt den Ober, der sich von den anderen, den Gästen, nur dadurch unterscheidet, dass er über seinem Nachthemd eine weiße Konditorjacke trägt. Manchmal erscheint ein Kriminalkommissar – ist er in Dienst, kommt er auf einer Streife, sucht er jemanden, dann ist die Stimmung allerdings recht frostig, sobald er eingetreten ist, kommt er aber als Privatperson und will er gegenüber keinem einzigen Gast des Lokals ein gewisses persönliches Interesse bekunden, so empfängt man ihn freundlich, ja, sogar freudig. Es wird vielleicht verwunderlich erscheinen, aber es ist Tatsache, dass es Kriminalbeamte gibt, die eine gewisse Popularität in der Verbrecherwelt genießen, ja zu einem gewissen Grade beliebt sind. Es gibt freilich auch gewöhnliche »Kriminaler«, die man nur über die Achsel hinweg betrachtet, aber »Bullen« wie Dettmann, Engelbrecht oder Wild, von denen man sehr gut weiß, dass sie tüchtige Kerle sind, die vor keiner Gefahr zurückschrecken, aber auch Menschen, deren Wohlwollen sich auch vor dem Verbrecher nicht verschließt, werden auch in dieser Welt ihrer ewigen Gegner geachtet und geschätzt, und wenn man mit einem bekannten Kriminalbeamten bei Hundegustav erscheint, dann wird man ganz anders empfangen, als wenn man nur als simpler Gast kommt.

Gute Bullen

Weitere interessante Keller

Das ist der Keller vom Hundegustav – es gibt aber noch andere. Da ist in der Neuen Schönhauser Straße die KASCHEMME VON RHEESE, oder der LINIENKELLER in der Linienstraße, der ALBERTKELLER in der Weinmeisterstraße, in der gefährlichsten Hehlergegend von Berlin, wo sich auch das bekannte FRÜHLOKAL VON KARO befindet, in der Nähe des VOLKSVARIETÉS, wo schon einige schwere Verbrecher festgenommen worden sind, wie sie gerade die Attraktionen dieser seltsamen Kunststätte »genossen« haben. Einer der berühmtesten Berliner Verbrecherkeller war der AUGUST-KELLER, der aber jetzt verschwunden ist. Sein früherer Besitzer hat vor einiger Zeit in der Gipsstraße ein neues Lokal eröffnet, das sehr schnell eine der gesuchtesten Kaschemmen geworden ist. In dem CAFÉ ROLAND in der Chausseestraße und im UHU in der Kronenstraße – also sozusagen in der City Berlins – verkehren die berüchtigtsten Zuhälter mit ihren Dirnen; das sind eigentlich keine Verbrecherlokale mehr, aber immerhin Stätten, wo der Polizei schon mancher gute Fang gelungen ist.

Zilles Volk

Diese Lokale stehen, mag es noch so paradox klingen, sozusagen unter einer steten Kontrolle der Polizei. Das erscheint umso paradoxer, als die Kaschemmen fast sämtlich mit einem Wachtposten versehen sind. Der »Spanner« steht vor dem Lokal, vor dessen unsichtbarer oder schwer auffindbarer Tür, und hält Umschau. Er kontrolliert die ganze Umgegend, mustert eingehend jeden Gast, der Eintritt begehrt, er kennt freilich auch jeden Kriminalbeamten und meldet jede gefährlich aussehende Annäherung. Erscheint eine Streife der Polizei im Lokal, dann rücken die Gäste zusammen und warten ab, wer gesucht wird. Der Verbrecher ist Fatalist. Wenn er weiß, dass der Besuch nicht ihm gelten kann, dann sitzt er ruhig bei seinem Glas Bier und sieht zu, was sich da ereignen wird.

Die Lokale, die hier aufgezählt worden sind, gehören zu jener Sorte Kaschemmen, die vollkommen echt sind, also nicht für Fremdenbesuch hergerichtet sind und instand gehalten werden, wie eine große Anzahl der sogenannten Apachenlokale in Paris, in die sich höchstens Amerikaner und Argentinier, niemals aber richtige Apachen zu verirren pflegen. Trotzdem können sie auch von gutangezogenen Fremden aufgesucht werden, ohne dass sie irgendeinen Überfall oder Raubanfall befürchten müssten. Wenn es – dies muss einschränkend bemerkt werden – auch durchaus nicht ausgeschlossen ist, dass man in eine Rauferei verwickelt werden kann.

Es gibt aber auch andere Lokale in Berlin, die sich für derartige Besuche herzlich wenig eignen. Dem Schauspieler Lambertz-Paulsen, einem ebenso starken wie unerschrockenen Menschen, passierte es einmal in einer Kaschemme am Schlesischen Bahnhof, wo sich die gefährlichsten Verbrecherspelunken befinden, dass er von zwei Verbrechern überfallen, blutig geschlagen, ausgeraubt und auf die Straße geworfen wurde. Er fuhr in seinen Klub, wo er zufällig einen Freund antraf, der Berufsboxer war. Sie setzten sich mit zwei anderen Leuten in ein Auto, fuhren zurück – Lambertz-Paulsen zerschlagen und blutend, wie er war –, trafen die beiden Verbrecher noch an und nahmen Rache. Nicht zu knapp. Das kann aber nicht jeder, und auch dieser Fall hätte ganz anders ausgehen können. Wem also der Keller des braven Hundegustav nicht genügt, wer noch mehr sehen und noch mehr erleben will, der stürze sich nicht in Abenteuer, die schief ausgehen können, der begebe sich nicht allein auf Entdeckungsreisen in die Unterwelt Berlins, sondern wende sich an einen Bekannten, der vielleicht Beziehungen zur Kriminalpolizei besitzt und es ermöglichen kann, dass ihm ein Kriminalbeamter einige Ausschnitte aus dem nächtlichen Berlin zeigt. Sonst könnte auch er einmal zerschlagen, blutend und ausgeplündert auf der Straße aufgefunden werden, und wenn er dann aufgrund unangenehmer Erfahrungen in Berlin eine Verbrecherstadt sehen wird, so wird eher er selbst als die Stadt Berlin daran schuld sein …

DER GRÜNE RASEN

Rennbahnen – Grunewald – Hoppegarten – Karlshorst – Prominenz aus dem Rennsport.

Als einmal, vor vielen Jahren, der Schah von Persien als Gast in Berlin weilte, wollte man ihn zu einem großen Rennen in Hoppegarten mitnehmen. Doch der Schah hatte für die Rennen nichts übrig. Er erklärte, er wisse sehr gut, dass, wenn sieben oder mehr Pferde in einem Rennen laufen, das eine schneller laufe als die anderen, welches es aber sei, interessiere ihn nicht.

Der gute Schah hatte unrecht. (Inzwischen ist er entthront worden – ob das aber in irgendeinem Zusammenhang mit seinem Abscheu vor dem Rennen steht, weiß ich nicht.) Die Rennen, die Rennplätze und ihr Publikum gehören zu den charakteristischsten Merkmalen einer Stadt, und wie jedem, der nach Paris fährt, ein Besuch in Auteuil oder Longchamps anzuraten ist, so rate ich dem Besucher Berlins, wenn er auch sonst kein Anhänger des Turfs sein sollte, sich einmal ein Rennen in Hoppegarten oder Grunewald anzusehen, denn Berlin ist eine Sportstadt erster Ordnung. Die Tatsache allein, dass es über sechs Rennbahnen verfügt, genügt, um es als Sportstadt zu charakterisieren. Nur der Magistrat der Stadt Berlin scheint für die Rennen nichts übrig zu haben, denn er kassiert lediglich die Billettsteuer ein und denkt nicht einmal daran, einen Ehrenpreis zu stiften, obwohl derartige zarte Andeutungen in der Presse immer wieder auftauchen. So hat Berlin bis zum heutigen Tage noch keinen Großen Preis von Berlin und es ist ebenso auffallend, dass auch das Derby, die allerwichtigste unter all den Zuchtprüfungen, ein Rennen, das in England eine nationale Angelegenheit ist, und in allen Ländern der Welt in deren Hauptstädten gelaufen wird, in Deutschland nicht in Berlin, sondern in Hamburg-Horn, auf der so ziemlich am wenigsten geeigneten deutschen Rennbahn ausgetragen werden muss – aus traditionellen Gründen, weil der Hamburger Rennklub derjenige ist, der seinerzeit das Norddeutsche Derby begründet hat.

Grunewald

Berlin hat sechs Rennbahnen, die, mit Ausnahme der Rennbahn Grunewald, sämtlich ziemlich weit von der Stadt entfernt liegen. Die einzige Bahn, die man mit den beiden schönsten Pariser Bahnen, Auteuil und Longchamps, mit der Wiener Freudenau oder mit der neuen schönen Rennbahn in Budapest vergleichen könnte, ist die RENNBAHN GRUNEWALD, die erst 1909 eröffnet wurde. Der eigentliche Vater dieser Bahn war der sehr geschäftstüchtige Minister von Podbielski, der dem Kaiser die ganze Sache so schön mundgerecht zu machen wusste, dass Wilhelm II. mit der Anlage schließlich zufrieden war und seinem Minister freie Hand ließ. Dafür wurde in Grunewald auch ein eigener Kaiserpavillon errichtet, der jetzt allerdings in einen Teepavillon umgewandelt wurde. So erstand im Grunde genommen auch die prachtvolle Heerstraße, die als Fortsetzung der Straße Unter den Linden und der Charlottenburger Chaussee eine geradezu ideale Strecke für den Autoverkehr bildet und die Fahrt zu den Grunewaldrennen zu einem wahren Vergnügen macht. Die Grunewaldbahn hat riesengroße moderne zweistöckige Tribünen und ein elegantes Restaurant, in dem sich an den Abenden nach den Renntagen, aber auch sonst an Sommerabenden eine auserlesene Gesellschaft zu versammeln pflegt. Sie ist für diejenigen Sterblichen, die nicht Auto fahren wollen, auch mit der Vorortbahn schnell und bequem zu erreichen. Trotz dieser unleugbaren Vorzüge ist die Grunewaldbahn doch nicht so beliebt wie etwa Hoppegarten. Die Sportbegeisterten und die leidenschaftlichen Wetter bevorzugen Hoppegarten, weil sie der Meinung sind, dass die Rennen dort reeller gelaufen werden, da das Geläuf in Grunewald nicht so einwandfrei ist wie dort. Während die seit vielen Jahren bestehende feste Grasnarbe in Hoppegarten für den einwandfreien Verlauf der Rennen sozusagen garantiert, verändert sich die ziemlich neue Grasnarbe der Grunewaldbahn auf dem sandigen Boden unter den verschiedenen Witterungseinflüssen zu schnell, und das hat zur Folge, dass in Grunewald viel mehr Außenseiter als Favoriten siegen. Aber auch die Felder sind nicht so stark – schon aus dem Grunde nicht, weil in Hoppegarten die Pferde aus ihren Stallungen einfach zur Rennbahn geführt werden können, während man sie nach dem Grunewald erst regelrecht verladen muss. Die Leute, die wetten und gewinnen wollen, bevorzugen also Hoppegarten, dagegen bevorzugt die elegante Welt Berlins Grunewald, und der einzige Korso, den die deutsche Reichshauptstadt aufzuweisen vermag, ist wohl jener vor der großen Tribüne der Grunewaldrennbahn, wo man all die schönen Frauen und bekannten Gesichter sehen kann, denen man sonst fast niemals begegnet.

Berlins elegantester Korso

Hoppegarten

HOPPEGARTEN ist Berlins älteste und bedeutendste Rennbahn, das deutsche Newmarket sozusagen, die Trainingszentrale Deutschlands. Mit seinen Vororten Dahlwitz, Niederheide und seinem Schwesterstädtchen Neuenhagen bildet es einen Brennpunkt des deutschen Rennsports, es beherbergt die besten Trainingsbahnen, das Uniongestüt und die Ställe der bedeutendsten Rennstallbesitzer. Hoppegarten ist mit der Vortbahn – im Sonderzug – in etwa dreiviertel Stunde, mit dem Auto in einer knappen Stunde zu erreichen – leider gehört die Autofahrt durch die schlechten Straßen von Biesdorf nicht zu den größten Annehmlichkeiten des Lebens. Auf die einmütigen Proteste der Autobesitzer, des Unionklubs und der Presse hin hat sich der Magistrat von Groß-Berlin Ende der letzten Saison doch entschlossen, die Chaussee zu verbessern, sodass die Klagen in Zukunft vielleicht verstummen werden. Bis dahin ist allerdings nicht einmal die schlechte Chaussee zu gebrauchen, da sie kilometerweit aufgerissen ist.

Aber Hoppegarten entschädigt den Besucher für vieles. Ein Teil der hundertjährigen Bäume in den alten prachtvollen Parkanlagen musste allerdings nach dem Kriege fallen, weil die Tribünen für den Massenbesuch nicht mehr ausreichen konnten, aber auch was noch geblieben ist, genügt, um Hoppegarten zur schönsten und beliebtesten Rennbahn von Deutschland zu machen. Die großen geräumigen zweistöckigen Tribünen gestatten einen herrlichen Überblick auf die von Wäldern umrahmte Bahn, die mit dem frischen Grün des Geläufs prachtvoll wirkt. Tiefdunkler Wald begrenzt die den Tribünen gegenüberliegende Längsseite. Der Einschnitt an den früheren Wasserwerken wird durch den Adonisbach geschaffen, der in früheren Jahren, als noch das Armee-Jagd-Rennen in Hoppegarten gelaufen wurde, ein schweres Hindernis für Ross und Reiter bedeutet hatte. Am schönsten ist der alte Park erhalten geblieben auf dem Fleckchen hinter der Mitgliedertribüne, wo das Denkmal des verdienstvollen Oberlandstallmeisters Grafen Georg Lehndorff steht; aber von den Prominenten, die hier promenieren dürfen, von den Mitgliedern des Unionklubs trennt den gewöhnlichen Sterblichen und zahlenden Zuschauer ein neidisch-strenges Gitter.

Prominenz des Rennsports

Auch die Wage mit all ihrem interessanten Drum und Dran ist der Öffentlichkeit unzugänglich – hier versammeln sich die Größen des Rennsports, die Züchter, Besitzer, Trainer und last not least die Jockeys, die Mitglieder der Obersten Rennbehörde und des Unionklubs, hier sind die Beratungs- und Sitzungszimmer, und hier werden auch die Vertreter des Reiches und anderer Behörden empfangen, wenn sie einmal (was selten genug geschieht) der Rennbahn einen kurzen Besuch abstatten. Hier sieht man also die Männer, die man sonst nach ihren Farben kennt – den eleganten Grafen Arnim-Muskau, der an körperlicher Länge alle anderen überragt, in eifrigem Gespräch mit dem Vorsitzenden der Obersten Rennbehörde Landstallmeister von Goetzen, daneben spricht der eigentliche Herrscher der Vollblutrennen, der kluge und energische Freiherr S. A. von Oppenheim mit seinem Trainer Arnull, an einer anderen Stelle wieder unterhält sich der durchgeistigte und so außerordentlich passionierte Geheimrat Dr. A. von Weinberg, dessen blau-weiße Farben in ganz Deutschland populär sind, mit seinem Schwiegersohn Grafen Spreti, der den umfangreichen Rennstall der Herren von Weinberg leitet. Herr Haniel, der seltener erscheint, unterhält sich mit dem rührigen Generalsekretär des Unionklubs, Rittmeister Krause. Starter, Zeitrichter und Handikapper sitzen an einem langen Tisch, und die Jockeys, die nebenan ihr Ankleidezimmer haben, klettern, assistiert vom Trainer, der das angegebene Gewicht ansagt, in ihren bunten Jacken auf die Waage, um dann beim Glockenzeichen im Führring zu erscheinen.

Otto Schmidt, Berlins populärer »Otto«, der Championjockey, wird besonders bejubelt.

Hoppegarten ist eine recht schwere Bahn, die besonders am Ende durch eine kleine Steigung, den Anberg genannt, besondere Anforderungen an Pferd und Reiter stellt. Trotzdem verlaufen hier die meisten Rennen einwandfrei. Weniger einwandfrei ist aber die Lage des Ziels, das bei dem Umbau so weit herausgeschoben wurde, dass die Besucher der Logentribüne

Zilles Volk

bei einem scharfen Endkampf unmöglich sehen und wissen können, wer eigentlich gewonnen hat. Um die letzte gerade Strecke der Rennbahn um etwa 50 Meter zu verlängern, hat man also die Zuschauer, die doch die Rennen eigentlich finanzieren, um die Spannung des Endkampfes gebracht, und diesen zu einem Privatvergnügen der Richter gemacht. Der Unionklub ist aber bisher allen Reklamationen gegenüber taub geblieben, er beharrt auf seinem Schein und vergisst dabei, dass er sein treuestes Publikum verärgert und verstimmt. Ebenso wenig rücksichtsvoll scheint auch die Eisenbahnverwaltung zu sein, denn sie hat zwar einen Sonderzugbahnhof eingerichtet, hat es aber für überflüssig gehalten, die Wege pflastern zu lassen, sodass man bei Regenwetter von dem Waggon bis zur Sperre durch einen Morast zu waten hat, dagegen bei trockenem Wetter durch einen Staub laufen muss, der die hellen Damentoiletten durchaus nicht verschönt. Das sind die Schattenseiten von Hoppegarten.

Zu dem Hoppegartener Komplex gehören auch die schönen Trainierbahnen, von denen die im Walde gelegene Idealbahn als Schulstätte für Hindernispferde benutzt wird. Hier trainiert Altmeister Kurt von Tepper-Laski nicht nur seine Pferde, sondern auch die angehenden Herrenreiter. Einer seiner Zöglinge, der einige Galopps geritten hatte, ohne vom Pferde zu fallen, paradierte eines Morgens vor dem Baron und stellte siegesbewusst die Frage, ob er nunmehr springen dürfe, worauf Tepper-Laski in seiner trockenen Weise kurz und bündig entgegnete: »Springen Sie man ruhig – aber geben Sie mir inzwischen das Pferd …«

Karlshorst

Die Rennbahn in KARLSHORST oder, wie der Berliner sagt, die Bahn in der Wuhlheide, ist die bedeutendste Pflegestätte für den deutschen Hindernissport, insbesondere aber für das Herrenreiten. Leider sind ihre Baulichkeiten reichlich unmodern. Die Zuschauer sind auf einer alten Holztribüne untergebracht, deren Strebepfeiler die Aussicht versperren, die Bahn erreicht also nicht im mindesten jenen Komfort, den Hoppegarten und Grunewald bieten, sie ist aber trotzdem sehr beliebt – sie ist sogar im wahrsten Sinne des Wortes volkstümlich. Karlshorst hat sein Stammpublikum. Vor dem Kriege wollte der rührige Verein für Hindernisrennen die alten Tribünen abreißen lassen und eine neue moderne Tribüne bauen lassen, deren Modelle und Pläne bereits vollkommen fertiggestellt waren, aber Krieg und Inflation haben dem Verein große Verluste zugefügt und ihn gezwungen, den Plan vorläufig aufzugeben. Was das Publikum in Karlshorst fesselt, ist die sehr einwandfreie, faire Rennbahn, die langen Strecken und die ausgezeichnet angelegten Sprünge. Außerdem treibt Karlshorst eine sehr kulante Preispolitik und gibt den Besitzern durch hohe Rennpreise Gelegenheit, ihr Material richtig auszunutzen. Zu erreichen ist Karlshorst durch Vorortzüge und durchweg gute Autostraßen in ziemlich kurzer Zeit, die Rennen werden prompt abgewickelt und geben selten zu Klagen Anlass.

Unter den Gästen von Karlshorst sieht man regelmäßig die bekanntesten Köpfe des deutschen Rennsports – da sieht man den Altmeister der deutschen Herrenreiter Kurt von Tepper-Laski, der den Vorgängen auf der Bahn mit unverwüstlicher Frische folgt und sowohl als Manager wie auch als Trainer heute noch arbeitet, ferner den Vorsitzenden des Hindernisrennvereins Grafen von Westphalen, den erfolgreichsten Rennreiter O. Suermondt, der sich in den vielen Jahren kaum verändert hat, manchmal auch General von Seeckt, viele andere hohe Offiziere der Reichswehr, die ein begreifliches Interesse an den Pferden und Rennen haben, und dann hat man ausgiebig Gelegenheit, die aktiven Reiter und die Pferde zu mustern. Karlshorst war übrigens auch die erste Rennbahn, die gleich nach Ende des Krieges den Versuch gemacht hat, Verbindungen mit dem ehemals feindlichen Ausland anzubahnen und zu diesem Zweck auch internationale Rennen ausgeschrieben hat.

Über die schwersten Hindernisse in Karlshorst wird das Parforce-Jagdrennen gelaufen, das über 7500 Meter und durch den See führt, der jetzt zwar ausgetrocknet ist, aber in früheren

Jahren noch manchmal recht nass war. Eines Tages – es war Oktober und recht kalt – stürzte ein bekannter Herrenreiter in die unangenehm kühlen Fluten, und brachte sich und den Favoriten um die Siegeschancen. Als er pudelnass und am ganzen Leib zitternd zurückkehrte – zu Fuß natürlich –, brüllte ihn ein enttäuschter Wetter im Brustton der Entrüstung an: »Für mein Geld jehste nicht mehr baden.«

Strausberg

Die kleine Bahn, die vor dem Kurort STRAUSBERG an der Ostbahn noch ein ganzes Ende hinter Hoppegarten liegt, will aus finanziellen Gründen für eine Provinzbahn gelten und stellt sich auch ganz danach ein. Die Ausschreibungen wenden sich an die mäßigen Pferde, die auf den großen Bahnen gegen gute Klasse kaum etwas gewinnen könnten, die Rennpreise sind niedrig, aber die Felder sind trotzdem recht umfangreich, was nicht weiter verwunderlich ist, denn es gibt bekanntlich sehr wenig gute Pferde, dagegen eine ganze Masse minderwertigere. Von dem Bahnhof Friedrichstraße muss man eine Stunde fahren, um nach Strausberg zu gelangen, dann kommt noch ein viertelstündiger Spaziergang durch den Wald, bis man endlich die Bahn erreicht hat. Das Publikum scheut aber weder die lange Reise, noch die anderen anschließenden Strapazen, weil Strausberg eine Art sportliche Familienangelegenheit wahrhaft gemütlichen Charakters ist und außerdem in seinen Grenzen einen ganz annehmbaren Sport bietet. Wenn sich auch sehr oft Zwischenfälle ereignen, die nicht auf dem Programm stehen, so nimmt man sie eben humoristisch auf und betrachtet die ganze Angelegenheit eher als Sonntagsausflug ins Grüne, freut sich u. a. auch diebisch, wenn gelegentlich das ganze Feld ausbricht, oder einige allzu eifrige Jockeylehrlinge eine volle Runde zu viel reiten.

Und die Eintrittspreise? Hoppegarten, Grunewald und Karlshorst haben die gleichen Preise für die Plätze. Ein Logenplatz in der ersten Reihe kostet 12 Mark, in der zweiten Reihe 10 Mark, der erste Platz für Herren 7 Mark, für Damen und Kinder 5 Mark. Sattelplatz 4 Mark, zweiter Platz 2 Mark und dritter Platz 1,5o Mark. Eine Wagenkarte kostet 5 Mark. Strausberg ist billiger. Dort nimmt man für einen Logenplatz 6 Mark, aber die Trabrennbahnen wollen hinter den großen Galoppbahnen nicht zurückbleiben und verlangen ungefähr die gleichen Preise.

Über den Zaun sehen ist billiger

Die Traber haben ihr Domizil abwechselnd in Mariendorf oder in Ruhleben. Beide Rennbahnen sind sehr modern angelegt, bieten dem Publikum gute Unterkunft und vor allem von den Tribünen aus sehr gute Übersicht. MARIENDORF liegt im Süden Berlins, an der Chaussee, die nach Dresden führt, und hat sehr gute Verbindungen und auch Zufahrtsstraßen, während RUHLEBEN, das im Westen liegt, aus Gründen verfehlter Eisenbahnsparsamkeit keine Bahnstation erhalten hat, aber trotzdem mit Straßenbahn und Autobus leicht und bequem zu erreichen ist. Die Trabrennen sind in Deutschland eine Spezialität ziemlich weniger Städte und jedenfalls eine erheblich seltenere Sehenswürdigkeit als die Flachrennen. An der Spitze stehen die Trabrennen in Berlin, München, Hamburg und Gelsenkirchen, während es viele große Städte gibt, in denen überhaupt keine Trabrennen stattfinden. Sie sind aber in den Städten, wo sie eingeführt worden sind, außerordentlich populär geworden, und wenn sie auch für weniger vornehm gelten als die Galopprennen, so sind sie eben eine Belustigung des Mittelstandes, der in dem Traber kein Luxuspferd sieht, sondern viel eher das Gebrauchspferd, das nicht nur auf der Renn-

Trabrennen

bahn, sondern auch vor dem Gemüsewagen ausgenutzt werden kann. Die Besitzer, von denen die meisten geradezu unheimlich passioniert sind und diesen Sport wirklich aus Leidenschaft betreiben, die hier – im Gegensatz zu den Galopprennen – ihre Pferde meist selbst trainieren und in sehr vielen Fällen auch selbst fahren, gehen für ihre Traber durchs Feuer, bringen die größten Opfer und scheuen sich nicht, gute und wertvolle Pferde aus dem Mutterlande des Trabersports, aus Amerika, zu holen. Die Traberzucht hat denn auch in Deutschland einen fast beispiellosen Erfolg aufzuweisen und hat in den letzten Jahren eine ungeahnte Höhe erreicht. Es hat sich gezeigt, dass der Traber, der eine Rennsaison von elf Monaten durchstehen muss, dabei unzählige Male startet und für alle möglichen Arbeiten zu verwenden ist, viel mehr als der Vollblüter das Pferd der Zukunft sein dürfte – wenn das Pferd überhaupt noch eine Zukunft hat. Wer aber die stählernen Pferde sehen will, die Rennen der Autos, wer an die Zukunft des Pferdes nicht glaubt, der muss auf die Avus hinausgehen, auf die große Autorennstraße Berlins, wo der eiserne Gesang der Motoren dröhnt.

DIE NACHT DER ZWANZIGTAUSEND

Der Gladiatorenkampf des 20. Jhds. –
Sport wird in Berlin großgeschrieben.

Wer das Glück hat, zur Zeit eines Sechstagerennens nach Berlin zu kommen, soll es nicht versäumen, sich diesen Gladiatorenkampf des zwanzigsten Jahrhunderts anzusehen. Da es aber sehr viele Leute geben dürfte, die keine Ahnung davon haben, was ein Sechstagerennen ist, will ich erst einmal eine Definition dieser Veranstaltung geben.

Moderne Gladiatoren

Ein SECHSTAGERENNEN ist ein Radrennen zwischen Mannschaften oder besser gesagt Paaren, die sich ablösen und 144 Stunden lang ununterbrochen fahren. Hundertvierundvierzig Stunden lang muss von jedem Paar der eine Fahrer im Rennen sein. Ermüdet er, will er schlafen oder essen, so löst ihn sein Partner ab. Dreimal täglich finden die Wertungen statt. In zehn Spurts werden dann die vier Besten ermittelt, und sie bekommen die entsprechende Punktzahl gutgeschrieben. Das Siegerpaar ist dasjenige, das die meisten Punkte errungen hat, wenn – wenn es niemandem gelungen ist, die anderen zu überrunden. Dieses Überrunden ist der große Trumpf, um den eigentlich gekämpft wird. Um dieses Überrunden entwickeln sich die großen Jagden auf der Holzbahn, rasen die Räder, sausen die Beine auf und ab. Denn eine verlorene Runde aufzuholen ist viel schwerer, als einige Punkte zu erringen, und ein Rundengewinn ist mehr wert als selbst die allerhöchste Punktzahl.

Das Sechstagerennen geht um sehr erhebliche Geldpreise, aber das ist noch nicht alles. Jede Viertelstunde wird irgendeine Prämie gestiftet, ein Hundertmarkschein, zwei oder gar fünf derselben Sorte, eine Kiste Kognak, ein Anzug, ein Motorrad und so weiter. Ein Paar, das sich auf die Prämien verlegt, kann eine ganze Masse zusammenbringen, manchmal mehr, als es durch seine Platzierung im Rennen selbst gewinnt.

Eine Sensation

Jedenfalls bildet das Sechstagerennen eine Woche lang Berlins größtes Ereignis. Ob es in dem Sportpalast oder in der großen Arena am Kaiserdamm stattfindet, ist ziemlich gleich. Die Sensation ist dieselbe, und auch das Bild ist ungefähr dasselbe. Der Besucher, der zum ersten Male ein Sechstagerennen sieht, bleibt im ersten Augenblick überwältigt und geblendet stehen. Die Riesenhalle ist schwarz von Menschen. In den Logen, auf den Tribünen, im Innenraum, überall Tausende von Menschen. Die Lichtkegel der Scheinwerferlampen bahnen sich mühselig den Weg durch die rauchgeschwängerte Luft. Stimmengewirr. Biergläser klirren. Rufe, immer lauter. Applaus. Die Kapelle spielt. Im ersten Augenblick sieht der Neuankömmling gar nicht, wo die Helden dieses Riesentheaters sind. Er muss sich umsehen, um die schmale Holzbahn zu entdecken, die oval, mit zwei stark erhöhten Kurven, zwischen den schwarzen Menschenmassen liegt. Auf dieser Bahn ziehen die Fahrer ihre Kreise, neun, zehn oder zwölf Fahrer in farbigen Trikots, mit einer großen schwarzen Nummer auf dem gebeugten Rücken. Sie huschen über die Bahn. Ziehen bald langsamer, bald schneller ihren Kurs, während der Partner in der Koje schläft, sich massieren lässt, einen Schluck Wasser trinkt oder in aller Eile einen Happen isst. Auf den Tribünen wird gewettet, geschwätzt und getrunken. Sportliche Begeisterung wechselt ab mit dem

Ruf nach warmen Würstchen. In den Logen und im überfüllten Innenraum sitzt, steht, wandert und plaudert Berlins nächtliche Welt – die ganze sowohl wie die halbe. Film, Theater, Literatur, Presse und Börse. Manchmal auch etwas Politik. Nacht-

Die Sechstagegladiatoren in ihren Kojen

gestalten vom Kurfürstendamm und von der Friedrichstraße. Alle Nichtschläfer geben sich hier ein Stelldichein und alle, die stets dabei sein müssen. Für sie ist diese Nacht wie eine Premiere oder ein großer Ball, bei dem man eben nicht fehlen darf.

Die sportliche Begeisterung ist eigentlich auf der Galerie zu Hause. Die fühlt mit, die lässt sich nicht lumpen. Die achtet auf jede Entscheidung, auf jeden Vorstoß, auf jede Ablösung. Halstuchumwundene Gestalten führen lebhafte Debatten, wilde Zurufe feuern die Fahrer an. Die Begeisterung droht manchmal zu brachialer Gewalt auszuarten. Schimpfworte fliegen herum. Und wenn jemand einen kühnen Vorstoß wagt dort unten, dann donnert der erste anerkennende Applaus von der Galerie herab. Kleine Aufschreie, Gelächter, grelle Pfiffe, ungeduldig scharrende Füße begleiten jede Phase des großen Rennens. Wer Berlin nur als kühle Arbeitsstadt kennt, als eine Arbeitsstätte voller Hast und Ruhelosigkeit, der soll sich eine Nacht des Sechstagerennens ansehen, damit er sieht, wie der kühle Berliner sich aufregen und sich begeistern kann.

Stiften Sie eine Prämie!

Man stiftet Prämien. Alles Mögliche wird gestiftet. Ein Schneider stiftet einen Anzug, eine Filmschauspielerin zweihundert Mark – die denkt dabei freilich an die Reklame –, eine hübsche Dänin ebenso viel. Fünfzehn Flaschen Kognak folgen, dann ein Weißfuchs … drei Paar Stiefel … Naturalien herrschen vor. Was in Berlin etwas auf sich hält, ist bei dem Sechstagerennen dabei. Ich kenne Leute, die sechs Tage lang nicht schlafen, aber jede Nacht dabei sein müssen. Bei dem vorletzten Sechstagerennen erschien auch der Kronprinz und stiftete fünfhundert Mark. »Ein alter Sechstagefreund aus Oels« … ließ er verkünden. Aber – Wilhelminisches liegt noch sehr nahe, die Galerie johlte und pfiff, und die zufriedenen Demokraten in den Logen lächelten und bestellten eine neue Flasche Sekt. Conrad Veidt und Emil Jannings, die beiden treuesten Sechstagebesucher, weilen nicht mehr in Berlin, aber dafür sitzt jetzt Max Adalbert jeden Abend da. Fritzi Massary, Käthe Dorsch und Lee Parry, Fern Andra und Maria Orska sind ebenfalls große Sechstagefreundinnen. In den Logen knallen die Pfropfen, im Kasino wird getanzt, unten werden die Fahrer massiert, gefüttert und gepflegt. Oben hält man eine kleine Ausschau nach Bekannten ab, man begrüßt sich. Plaudert. Flirtet. Drückt zarte Hände. Wickelt Geschäfte ab. Kauft Lose und ärgert sich über die Nieten.

Max Adalbert und Käthe Dorsch sind jeden Tag da

Um zwei Uhr findet die Wertung statt. Die Aufmerksamkeit steigt. Die Fahrer sind alle wach, man muss ja aufpassen, ob sich nicht einer losreißen wird. Dann muss man ja seinen Partner ablösen. Die Holzbahn dröhnt. Acht Runden werden in aller Ruhe zurückgelegt. Da – der mit dem grünen Trikot reißt sich los ... Oscar, Oscar, brüllt die Galerie ... er gewinnt einen Vorsprung, zehn, zwanzig, dreißig Meter ... er schießt durch das Ziel, stoppt aber nicht ab ... versucht einen Ausreißer. Da ist plötzlich alles auf den Beinen, um den Ausreißer einzuholen. Die Räder rasen ... die Musik bricht ab. Die Augen in den Logen und auf der Galerie weiten sich. Man schreit, man ruft, man brüllt. Die Jagd frisst sich in die Nerven der Zuschauer hinein, zerrt und prickelt darinnen. In den Logen tobt die Aufregung, die Galerie trampelt, und die Damen der Gesellschaft müssen festgehalten werden, damit sie vor Begeisterung nicht über die Brüstung fallen. Andauernd wechselt unten das Bild. In rasendem Lauf jagen sich die Fahrer, die Gladiatoren des zwanzigsten Jahrhunderts, im Brennpunkt einer brüllenden, gestikulierenden, aufgeregten, hingerissenen Menge, die nach Tausenden zählt.

Es ist schon vier Uhr früh, wenn die Jagden abebben. Die Erregung legt sich. Das Rennen wird ruhiger, die Kaffeeküche ist geschlossen, die warmen Würstchen sind alle, die Logen leeren sich und draußen beginnt die große Jagd nach den Autos. Nur die Fahrer ziehen ihre Kreise weiter, aufs Rad gebeugt, langsamer, aber doch unermüdlich. Sechs Tage und sechs Nächte. Hundertvierundvierzig Stunden.

*

Das Sechstagerennen ist aber nicht das einzige sportliche Ereignis, das für Berlin Sensation bedeutet und die Massen anzieht.

Der Sport wird in Berlin überhaupt großgeschrieben – ein gro-
Boxen ßer BOXKAMPF füllt den Sportpalast genauso wie das Sechstagerennen, und wenn oben im Ring etwa Franz Diener oder Paul Samson-Körner antreten, dann sind alle Plätze im Saal besetzt, und in den ersten Reihen – der Platz fünfzig Mark, bitte – sitzen dann die Großen der Hochfinanz und der Industrie, die Männer der Literatur, der Bühne und der Kunst, die Gladiatoren des Geistes, sie sitzen da, gehen mit, regen sich auf, kriegen hochrote Köpfe und begeistern sich nicht weniger als die schönen und eleganten Frauen, die Stammgäste bei den Boxkämpfen sind. Im Winter ist allerdings eine Konkurrenz für die
Eishockey Boxer entstanden: Denn EISHOCKEY ist jetzt Trumpf, und wenn die schnellen Spieler, die flache Scheibe vor sich hertreibend, über die spiegelglatte Eisfläche sausen, dann brüllen die Zuschauer ebenso wie bei dem Sechstagerennen.

Im Sommer ersetzt das Stadion den Sportpalast, und wird
Fußball ein großer FUSSBALLKAMPF ausgetragen, kämpft etwa Berlin gegen Budapest oder Wien, läuft Dr. Peltzer über die halbe Meile oder sind berühmte ausländische Athleten in Berlin zu Gast, dann bietet das Stadion einen schier unübertrefflichen Anblick. Vierzigtausend Menschen füllen das Riesenoval aus Stein, vierzigtausend Augenpaare hängen am Spiel, und aus vierzigtausend Kehlen ertönt ein einziger Schrei, wenn der Ball im gegnerischen Tor landet, oder wenn Berlins Auserwählter das Zielband vor seinem Gegner zerreißt.

Nicht zu vergessen sind auch die sehr eleganten TENNIS-
Tennis
Automobilrennen TURNIERE, insbesondere die der Klubs Rot-Weiß und Blau-Weiß, sowie die großen AUTOMOBILRENNEN auf der Avus, die eine Sehenswürdigkeit für sich bilden.

BERLINER BÄLLE

Ein voller Ball-Terminkalender – Der Presseball – Der Reimann-Ball – Künstlerfeste.

Lieber Leser, der du in den winterlichen Monaten nach Berlin kommst und die Absicht haben solltest, einen Berliner Fasching mitzuerleben, mache dich auf einige Enttäuschungen gefasst, besonders dann, wenn du einen Karneval in Nizza, eine Mi-Carême in Paris, einen Fasching in München vor dem Kriege oder gar einen Rosenmontag in Köln bereits einmal gesehen und erlebt hast. Denn einen wirklichen Fasching, nicht nur dem Worte, sondern auch dem Begriffe nach, gibt es in Berlin nicht. Dazu ist Berlin vielleicht viel zu nüchtern, vielleicht auch zu blasiert. An Bällen fehlt es freilich nicht: Der Terminkalender der Berliner Tanzvergnügen zeigt in den vier Wintermonaten ungefähr dreihundert Bälle an, und in dem Hochbetriebsmonat der Berliner Ballsaison, im Februar, gibt es keinen einzigen Tag, an dem nicht mindestens ein großer Ball stattfindet; es gibt aber auch Tage, insbesondere die Donnerstage und Sonnabende in diesem Monat, die gleich mit zwei oder gar drei großen Bällen aufwarten. Das sind aber nur die Äußerlichkeiten eines wahren Faschings. Mit den Girlanden, der Jazzkapelle, der Tombola und den bunten Papiermützen, die man sich aufsetzt, ist es noch nicht getan und die Laune, die wirkliche Faschingslaune, die Ausgelassenheit fehlt. Selbst die überaus zahlreichen und manchmal wirklich sehenswerten Kostümbäl-

300 Bälle in 4 Monaten

le verlaufen in Berlin erheblich kühler als anderswo, und nur auf sehr wenigen Bällen kann man so etwas wie eine echte, ungekünstelte, ungewollte Stimmung beobachten.

Jenseits der Kommandantenstraße

Wer in Berlin echte Faschingslaune sehen will, der muss schon aus dem hell erleuchteten vornehmen Westen hinauspilgern in jene Gegenden, wo es noch Alpenbälle und Witwenbälle gibt, in die Straßen jenseits der Kommandantenstraße, wo der Besuch eines Balls nicht an langwierige Zeremonien und Vorbereitungen gebunden ist. Wo sollte denn auch die ungebändigte Faschingslaune herkommen, wenn man zum Beispiel erst seinen ganzen Lebenslauf erzählen und Referenzen aufgeben muss, bevor man – für zwanzig Reichsmark – eine Karte zu jenem Ball bekommen kann, der sich zwar SOZIALISTENBALL nennt, der aber von der Frau Zahnärztin Bloch veranstaltet wird? (Nebenbei bemerkt – ein gut eingeführter Berliner

Ballgewühl

Ball ist ein hervorragendes Geschäftchen, von dem man gut ein Jahr lang leben kann.) Wie soll, frage ich weiter, die karnevalsmäßige Ausgelassenheit entstehen können, wenn man sich inmitten von vier- oder fünftausend kostümierten Menschen drängeln muss, die alle krampfhaft bemüht sind, Stimmung zu mimen, von denen sich aber nur die allerwenigsten wirklich unterhalten? Wohin kann sich die Fröhlichkeit verkriechen, wenn man keinen Schritt tanzen kann, da jeder Schritt einen Rippenstoß einbringt? Die Masse tötet eben die richtige Stimmung, und in Berlin will man nun einmal alles mit der Masse machen, sogar das Vergnügen.

Trotzdem – es gibt eine ganze Reihe von Bällen, deren Besuch ich dem Fremden raten würde, wenn er sich zufällig gerade in den Monaten Januar und Februar in Berlin befindet, denn die Berliner Großbälle gleichen farbenprächtigen, großen Revuen und bieten manches, was wirklich sehens- und erlebenswert ist.

Der Presseball

Da ist vor allem der PRESSEBALL, das große Ballfest des Vereins Berliner Presse, das stets in dem Restaurant des Zoologischen Gartens stattfindet, in den schönsten und größten Ballsälen, über die Berlin verfügt, seit mehr als dreißig Jahren der Höhepunkt des Ballwinters, der repräsentativste Ball der Berliner Saison. Dieser Ball steht einzig da: Er bietet die einzige und einmalige Gelegenheit für die sehr verschiedenen Kreise, die sich in Berlin Gesellschaft nennen, auf wenige Stunden zusammenzukommen. Er ist weniger Ball als eine Riesenschau aller Prominenten. Alles ist auf dem Presseball da. Ganz Berlin, Politik und Diplomatie, Theater, Kunst und Literatur, Film und Musik, Industrie und Hochfinanz. Offiziere und Sozialisten, Bankherren und Bohème. Die Berliner Journalisten, die sonst recht bescheidene Leute sind, und nicht sehr viel für sich zu tun pflegen, haben ihren Ball zu dem Ereignis der Saison gemacht, zu dem Ereignis, das schon viele Wochen vorher die Sorge aller Damen bildet und die Phantasie der Schneiderinnen in Anspruch nimmt.

Sechstausend Gäste

Sechstausend Menschen sind zuletzt zu diesem Ball gekommen, darunter – man kann es ohne Übertreibung sagen – die geistige Elite der deutschen Reichshauptstadt und die schönsten, die elegantesten, die bestangezogenen Frauen Berlins. Fünfzehnhundert geladene Ehrengäste, und dreimal so viel Zahlende, die gern zahlen, nur um die erstgenannten Fünfzehnhundert in wahrer Lebensgröße bewundern und sich selbst bewundern lassen zu können – obwohl dieses Vergnügen weder zu den einfachen noch zu den billigen Vergnügen gerechnet werden kann. Erstens muss man eine Einführung von einem Mitglied des veranstaltenden Vereins haben, und zweitens kostet die Karte 25 Mark – ein Logenplatz sogar 75 Mark. Trotzdem – der Presseball ist stets ausverkauft.

Eine Auffahrt von Autos, wie Berlin sie nur einmal im Jahre sieht. Eine Pracht an Frauenschultern und -nacken, an Rückenausschnitten, an Toiletten, an Seide, Samt, Gold- und Silberbrokat, an Strassen und Pailletten, an Perlen und Stickereien, an Geschmeide, wie sie, was Quantität anlangt, kaum noch ein anderer Ball in der Welt aufweisen kann. In Berlin kommt es eben auf die Quantität an, und der Presseball ist wohl die größte Massenschau von prominenten Menschen und Namen, von lokalen, nationalen und internationalen Berühmtheiten.

Für diese Berühmtheiten, die ja die größte Attraktion des Presseballs bilden, ist eine Art Schaukasten hergerichtet, eine Ehrenloge, die mit kostbaren Teppichen verhängt und mit Blumen dekoriert ist und in die man nur hineingelangen kann, wenn man mindestens einmal Minister gewesen ist, oder zumindest einen Nobelpreis gewonnen hat. Diese Ehrenloge ähnelt jenen Riesengemälden, mit denen man zu früheren Zeiten die Sitzungssäle der gesetzgebenden Körperschaften zu schmücken pflegte. In der Mitte sitzt der jeweilige Reichskanzler, womöglich mit seiner Gattin und Tochter, umgeben von den jeweiligen Reichsministern, die sich hier zu einer festlich-familiären Kabinettssitzung zusammenfinden, damit die braven Bürger, die vor der Loge vorbeispazieren, sehen können, dass ihr Geschick sich in besten Händen befindet. Alsdann findet sich in der Ehrenloge der jeweilige Oberbürgermeister ein, ferner der Polizeipräsident, Staatssekretäre und hohe Offiziere, mit dem E. K. I (Eisernes Kreuz I. Klasse) geschmückt, berühmte Schriftsteller, Gelehrte, Museumsdirektoren, preisgekrönte Maler und Dichter, einige Leute, die bereits einmal Minister waren und wieder werden wollen, berühmte Schauspielerinnen und schließlich die Gastgeber, der Vorstand des Vereins der Berliner Presse.

Ringsum tummeln sich jene Prominenten, die es noch nicht zu Ministersesseln gebracht haben, sowie das Volk, das Geld genug hat, dieses Vergnügen genießen zu können. Der Marmorsaal ist so voll, dass an Tanzen nicht zu denken ist, jeder will sehen, wo der Reichskanzler sitzt und wie er das Sektglas handhabt, andere Leute interessieren sich für den Finanzminister, wieder andere wollen sehen, wie der Vater des Schmutz- und Schundgesetzes aussieht.

Tanzen kann man also nicht, aber wer denkt denn auf dem Presseball daran, zu tanzen? (Trotz der sieben oder acht Kapellen.) Man will sehen und gesehen werden – insbesondere von jenen geschäftigen Damen, die mit Notizblock und gespitztem Bleistift durch die Menge eilen, Loge nach Loge abtasten, sich mit Todesverachtung in das dichteste Gewühl hineinstürzen und sich die Toiletten notieren. Das sind die Ballberichterstatterinnen der großen Blätter, sie sind neben dem Reichskanzler die am heißesten Begehrten auf diesem Ball, an ihrer Spitze Frau Elsa Herzog, die Unermüdliche, und Frau Ruth Goetz, die Vielbeschäftigte, sie haben alle Hände voll zu tun.

Zeichnerinnen bilden ihren Tross, und die schönsten Frauen machen ihnen sehr eingehend den Hof, denn von ihnen hängt es ab, ob man morgen seinen Namen und, was noch viel wichtiger ist, die Beschreibung seiner Toilette in den Zeitungen wird lesen können. Vielleicht wird man sogar gezeichnet – oh, welche Wonne! Neben dem Aquarium der Ehrenloge mit den zur Schau gestellten lebendigen Berühmtheiten hat der Presseball noch eine zweite, fast gleichwertige Attraktion: die Tombola, die jedes Jahr einen besonderen Clou aufweist. Zuletzt war dieser Gipfel aller Verlockungen und Verheißungen ein Auto, neben den anderen Herrlichkeiten, den kostbaren Pelzen, Abendcapes, Kleidern, Hüten, Porzellanen und Bronzen, Weinen, Lebensmittelkörben und Rundreisebilletts. Es gibt Leute, die nur wegen der Tombola zum Presseball kommen, aber es spielen alle mit, sogar der jeweilige Reichskanzler. Leider erinnern sich selbst die ältesten Presseballbesucher nicht daran, dass ein Reichskanzler einmal etwas gewonnen hätte. Die Reichskanzler scheinen eben in der Liebe der Parteien so viel Glück zu haben, dass sie im Spiel kein Glück haben können.

Attraktion: Tombola

Dass Ludwig Fulda dann seine eigenen Werke gewinnt, dass Direktor Saltenburg mit zwei Freikarten in sein eigenes Theater – letzte Platzreihe, versteht sich – oder, was vielleicht noch schlimmer ist, mit zwei Freikarten in ein Konkurrenztheater beglückt wird, ist eine ganz eigene Sache der Göttin Fortuna, gegen die man sich bekanntlich nicht zur Wehr setzen kann.

So ist der Presseball, den man unbedingt gesehen haben muss, wenn man zufällig gerade am letzten Sonnabend des Monats Januar in Berlin war, denn dieser Sonnabend ist der traditionelle Tag des Presseballs. Neben ihm gibt es aber noch einige Bälle, die sich alljährlich wiederholen, und die sehenswert sind. Zu diesen gehören der traditionelle BALL DER ÖSTERREICHER, der sozusagen eine Erinnerung an die alte Donaumonarchie ist, da er alle Völkerschaften der weiland Dynastie Habsburg vereinigt; der FILMBALL, der einen gewaltigen Aufmarsch an schönen Frauen bringt, an wirklichen Filmsternen und an solchen, die es erst werden möchten; der BALL DER BÜHNENGENOSSENSCHAFT, der PROMINENTENBALL, den der rührige Willy Schaeffers zu veranstalten pflegt; der BALL DER AUSLÄNDISCHEN PRESSE im Adlon, auf dem die Berliner Fremdenkolonien vollzählig aufmarschieren und der zu den elegantesten Bällen der Saison gehört; dann der FUNKBALL, der steife, aber stets vornehme KOLONIALBALL und last not least die BÄLLE DER VERSCHIEDENEN TENNISCLUBS, die stets im Hotel Esplanade stattfinden und immer eine sehr gewählte und vornehme Gesellschaft vereinigen. Da kann man neben den sportlichen Größen, wie Gräfin Schulenburg, Rahe, Moldenhauer und Froitzheim, auch die Förderer und Mäzene sehen: Kommerzienrat Junck, Herrn von Wassermann, Bankdirektoren und Handelsherren. Ich habe auch einmal gesehen, wie der Kaiserbiograph Emil Ludwig im Esplanade Charleston tanzte und Prinz August Wilhelm ihm schmunzelnd zusah.

Weitere Bälle

Wer sich »amüsieren« will, der wird freilich auf den großen Kostümfesten eher auf seine Kosten kommen und obwohl, wie bereits gesagt, Faschingslaune und Faschingslust in den Berliner Ballsälen nur selten zu entdecken sind, muss man zugeben, dass diese großen Kostümfeste wirklich sehenswert sind, denn sie entfalten an Ausstattung und Farben eine seltene Pracht.

Der Reimann-Ball

Das Standard-Kostümfest Berlins ist schon seit vielen Jahren das GAUKLERFEST DER REIMANN'SCHEN KUNSTGEWERBESCHULE, eine Angelegenheit für vier- oder gar fünftausend Vergnügungssüchtige. Ein Farbenmeer, eine prachtvolle Leistung an Ausstattung und Dekoration, die im letzten Jahre nicht weniger als 20.000 Mark gekostet hat, eine Farbensymphonie aus tausend leuchtenden und flammenden, sanften und grellen Farbenflecken zusammengeflochten. – Tausende von Menschen in mehr oder weniger phantastischen Kostümen, unter denen man viele wirklich schöne und geschmackvolle sehen kann, eine Massendichtung aus Spitzen und Tüll, lustig und bunt, soweit eben ein Berliner Kostümball lustig sein kann. Jahrelang galt dieses Fest für das froheste in Berlin und es kann seinen Platz noch immer behaupten, wenn es auch lange nicht mehr so intim ist, wie es in den früheren Jahren war, und wenn auch die Kostüme in dem letzten Jahre ihren eher enthüllenden als verhüllenden Charakter einigermaßen verloren haben. Diese Erscheinung hat aber möglicherweise keinen anderen Grund als die Grippeepidemie, die gerade in den letzten Faschingsmonaten in Berlin grassierte. Bei dieser Gelegenheit möchte ich aber alle jene Gerüchte dementieren, die in den Berliner Kostümfesten Orgien vermuten. Wenn ein paar Leutchen sich auf den Treppen abknutschen, so ist das wirklich noch keine Orgie – nicht wahr? –, und etwas Schlimmeres passiert wahrhaftig nicht.

Gleich hinter – oder neben – Reimann rangieren die alljährlichen großen KOSTÜMFESTE DER KUNSTAKADEMIE UND DER KUNSTGEWERBLER. Sie sind ebenso farbenprächtig wie das Reimann'sche Gauklerfest und vereinigen einen großen Teil der guten Gesellschaft – die Creme jener gesellschaftlichen Kreise, die es nicht für »unschicklich« und »unwürdig« erachten, auf einen Kostümball zu gehen und sich im Indianergewand zu tummeln. Da sieht man sehr oft einen bekannten Berliner Rechtsanwalt im roten Domino – nicht in der »roten Robe« –, einen Bankherren als Apachen, einen Reichstagsabgeordneten als Milchmann, und ich sah einmal auch einen leibhaftigen Minister – allerdings in dem sehr passenden Kostüm der machiavellistischen Zeit.

Künstlerfeste

Die Schauspieler warten mit zwei Kostümfesten auf – einmal laden sie mit einem richtigen Dienstbuch zum GESINDEBALL und ein andermal zum KINDERBALL DER BÖSEN BUBEN ein. Zum Gesindeball soll man eigentlich in der Gewandung irgendeines dienstbaren Geistes gehen und zu den Bösen Buben in Kinderkleidern. Leider sind es stets die ältesten und umfangreichsten Herren und Damen, die sich streng an diese Vorschriften halten und sich dann in kurzen Strümpfen und Höschen, oder gar – Du lieber Gott! – im Hemdchen präsentieren. Wer aber mit der geheimen Sehnsucht auf diese Bälle gehen würde, dort die Dorsch als Küchenmagd, Pallenberg als Koch und die Massary als Pagen anzutreffen, der würde sich schwer irren. Die Kostümfeste der Schauspieler zeichnen sich zumeist durch das absolute Fehlen jeglicher Prominenz aus. Die ganz Großen bleiben hübsch zu Hause und überlassen die

Kostümfeste der Genossenschaft, den Noch-nicht-genug-Prominenten sowie dem Volk, das sonst die Theater füllt, oder richtiger gesagt, sie füllen sollte, was aber leider nur sehr selten geschieht.

Nur für Kapitalisten!

Den SOZIALISTENBALL der Frau Zahnärztin Bloch habe ich bereits erwähnt. Was er mit den Sozis zu tun hat, ist allerdings in den vielen Jahren, seitdem er besteht, noch nicht ergründet worden – diese Bezeichnung scheint aber doch auf manchen Sozi zwingend einzuwirken, denn ich erinnere mich, auf dem letzten Sozialistenball Max Hochdorf, den Theaterkritiker des »Vorwärts«, gesehen zu haben, der sich damit amüsierte, die anwesenden Damen aus jener allernächsten Nähe zu betrachten, die eben eine Brille mit neun Dioptrien bedingt. Ich habe auf demselben Ball übrigens auch Maria Orska gesehen, als kessen Berliner Schusterjungen gekleidet, aber ansonsten sah ich eher Anhänger des Kapitals als Verfechter der marxistischen Ideen.

Das sind die Bälle des vornehmen Westens, wenn man noch den BALL DER KARIKATURISTEN, die großen THEATERBÄLLE IM METROPOLTHEATER UND IM DEUTSCHEN THEATER und den ARTISTENBALL hinzurechnet. Das sind die Bälle der Übernixchen, ihrer Mütter und auch ihrer Großmütter, denn die wohltuende Wirkung der weißen Perücken und des Bubikopfs hat die Altersgrenzen für Ballbesucherinnen erheblich ausgedehnt. Wer aber einen wahrhaft stimmungsgeladenen Berliner Ball sehen will und wahrhaft vergnügte Gesichter, dem möchte ich nochmals empfehlen, seine Schritte nach den Gegenden der Kommandantenstraße und der Alten Jakobstraße zu lenken, zu einem ALPENBALL mit Wadenstrümpfen und Lodenhütchen, mit Weißbier und Juhugeschrei, oder zu einem WITWENBALL, etwa bei »Walterchen, dem Seelentröster«. Er wird dann erstaunt sein, wie viel Vitalität er vorfinden wird, und wie viel urwüchsige Lebenslust unter den verstaubten Girlanden aus künstlichem Weinlaub pulsiert.

DAS MUSIKALISCHE BERLIN

Die Konzertstadt Europas –
Die Stars – Musikalische Salons.

Die größte Konzertstadt Europas!

Schon vor dem Kriege war Berlin eine der bedeutendsten Musikstädte der Welt, eine Konzertstadt par excellence, aber seit dem Ende des Krieges hat sich Berlins Bedeutung in dieser Hinsicht noch erheblich vergrößert. Berlin hat einen großen Teil des musikalischen Lebens der Großstädte der ehemaligen Donaumonarchie aufgesogen, und es ist heute zweifellos die größte Konzertstadt Europas und nach New York die größte Musikstadt der Welt überhaupt. Wie aber Berlin in fast jeder Hinsicht eine amerikanische Stadt in Europa geworden ist, so hat es sich auch als Musikstadt sozusagen amerikanisiert. Dies bezieht sich vor allem auf die geschäftliche Seite des Musiklebens, deren Bedeutung nicht zu unterschätzen ist. Die deutschen Manager sind heute mindestens so smart wie die Amerikaner, und auch im Musikleben hat sich jenes Starsystem ausgebildet, das man aus Amerika kennt.

Für die bekanntesten und beliebtesten Musikfavoriten werden ungeheure Honorare bezahlt. Fritz Kreisler erhält heute für ein Konzert in Berlin 5000 bis 8000 Mark, Richard Tauber oder Heinrich Schlusnus 1500 bis 2000 Mark, und ein Pianist wie etwa Professor Schnabel bekommt mindestens das Gleiche. Berühmte Ausländer haben noch viel mehr bekommen. Schaljapin hat für sein letztes Auftreten 24.000 Mark erhalten, und das Honorar von Gigli bezifferte sich auf 2000 Dollar.

Erst muss man freilich Star werden, und zu der schwindelnden Höhe der vierstelligen Honorarsummen führt ein recht langwieriger und schwerer Weg. Die Mehrzahl der etwa 600 Konzerte, die jährlich in Berlin veranstaltet werden, bringt dem veranstaltenden Künstler keinen Heller ein. Im Gegenteil – er muss mindestens tausend Mark zulegen, wenn er in einem guten Konzertsaal herauskommen will, um gehört zu werden und Kritiken zu bekommen, und es gibt sehr viele Musiker, die diese Ausgabe machen, denn ein Konzert in Berlin ist eine Kapitalanlage, es öffnet den Weg nach der Provinz, wo man dann nicht mehr zuzuzahlen braucht. Die Amerikanisierung des Musiklebens hat aber auch in dieser Hinsicht nicht unerhebliche Verschiebungen mit sich gebracht, weil sich heutzutage auch die industriellen Unternehmungen mit Starmacherei beschäftigen.

Die Starmacherei

Eine Pianofabrik engagiert einen Künstler, verpflichtet ihn, nur von ihr fabrizierte Instrumente zu benutzen, macht für ihn Reklame, beteiligt sich an den Kosten seiner Konzerte und macht ihn zu einem Star. Bezeichnend ist der Fall des Geigers H., eines weltbekannten Künstlers, der aber trotz seines Namens erst von der Pianofirma I. zu einem wirklichen Geschäftsstar gemacht wurde. Er verpflichtete sich, zur Begleitung stets einen I.-Flügel zu benutzen. Die

Erich Kleiber

Firma I. veranstaltete sein nächstes Konzert in Berlin und sandte an 5000 Adressen Billetts, für die ein Eintrittspreis von 3 bis 4 Mark festgesetzt war, für 75 Pfennige aus. Der Erfolg blieb nicht aus, der Saal war voll. Am nächsten Tage stand in den Kritiken, dass Herr H. vor einem ausverkauften Hause spielte, und weil ein großer Teil des Berliner Konzertpublikums eine besondere Schwäche für Künstler hat, die vor ausverkauften Häusern spielen, war das nächste Konzert von H. wieder ausverkauft, und zwar zu den vollen Kassenpreisen. In der Saison, die sich auf etwa acht Monate erstreckt – von September bis April –, ist Berlin das Zentrum der musikalischen Welt. Schon die Tatsache, dass es drei Opernhäuser besitzt, charakterisiert es als solches. In der nächsten Saison werden in Berlin unter Tietjens Gesamtleitung Kleiber, Klemperer, Bruno Walter, Leo Blech und Zemlinski dirigieren. Welche Stadt mag noch ein solches embarras de richesse an Dirigenten aufweisen?

Musikalische Salons

In den Berliner Konzertsälen, deren größter die PHILHARMONIE, deren bester aber die SINGAKADEMIE ist, gastieren in der Saison alle namhaften Künstler der Welt, und auch die Berliner Gesellschaft bekundet ein sehr lebhaftes Interesse für die Musik. In jedem vornehmen Berliner Hause werden Hauskonzerte veranstaltet und es gibt Salons, in denen weltberühmte Künstler verkehren. Eines der musikalischsten Häuser in Berlin ist das HAUS DES AEG-DIREKTORS GEHEIMRAT FELIX DEUTSCH, dessen Tochter mit dem Dirigenten Brecher verheiratet ist. In diesem Hause ist Richard Strauß ständiger Gast, während im HAUSE DES GROSSINDUSTRIELLEN ROSENHEIM im Grunewald, wo jeden Sonntag ein Kammermusikabend stattfindet, Professor Schnabel und Flesch die Hauptakteure sind. Eines der beliebtesten Häuser in der musikalischen Welt war das HAUS DES BANKIERS LIPPMANN-WOLFF, der vor zwei Jahren Selbstmord beging. In diesem Hause verkehrte die ganze Berliner Oper, und als in vergangenem Jahre der Fall Schillings die musikalischen Gemüter in Aufregung versetzte, befand sich das Hauptquartier der Schillingspartei in dem Lippmann-Wolff'schen Salon. Nicht zu vergessen sind auch das HAUS DES VERLEGERS S. FISCHER, wo viel musiziert wird, und das HAUS MENDELSSOHN, das durch vielerlei Fäden mit der musikalischen Welt verbunden ist, da die eine Tochter des Hauses mit dem Dirigenten Bohnke verheiratet ist, während die zweite in erster Ehe mit dem Pianisten Edwin Fischer verheiratet war. Bekannt ist ja auch Francesco v. Mendelssohn als virtuoser Cellist.

Frau von Bülow und Frau Louise Wolff

Die beiden interessantesten musikalischen Häuser sind aber in Berlin das der Witwe von Hans von Bülow und das der Frau Louise Wolff. Frau von Bülow veranstaltet in ihrem kleinen Heim in der Uhlandstraße wohl die interessantesten Konzerte Berlins. In diesen zwei kleinen Zimmern spielen die berühmtesten Künstler der Welt vor einem Auditorium, das sich aus kleinen Bürgersfrauen zusammensetzt und eine Mark oder eine Mark fünfzig bezahlt. Seit Jahren veranstaltet Frau von Bülow diese kleinen Konzerte zugunsten eines Fonds, aus dem sie armen Musikern hilft, und die prominentesten und bekanntesten

Bruno Walter

Künstler unterstützen sie in ihrem Bemühen dadurch, dass sie in ihrem Hause auftreten.

Frau Louise Wolff ist dafür die ungekrönte Königin der Berliner Musikwelt. Sie ist die Inhaberin der größten Konzertagentur in Berlin, aber darüber hinaus führt sie einen Salon wie ehemals die Prinzessin Metternich. In ihrem Hause trifft sich ganz Berlin. In ihrem Salon werden Erfolge geschaffen und die Grundlagen zu künftigem Weltruhm gelegt. Sie hat Dusolina Giannini und Benjamin Gigli nach Berlin gebracht, sie hat die besten Beziehungen zu allen Leuten, sie hat Beziehungen zu der Presse, zu den Ministerien und zu den Akademien, sie erfährt alles, sie weiß alles, und ihre Hand führt eine ganze Reihe von unsichtbaren Fäden hinter den Kulissen der musikalischen Welt.

DAS VOLK VON BERLIN

Das Wesen der vier Millionen – Der Berliner Hof – Bockbierfest – Lunapark – Abends im Verein.

Nach einem alten Witzwort stammen die meisten Berliner aus Breslau. Eine Übertreibung zwar, die aber eine ganze Portion Wahrheit enthält. Es gibt nämlich tatsächlich nicht sehr viel »wirkliche« Berliner; die meisten sind erst zugewandert, aber sie tragen weder am Wesen noch an der Sprache ihre Heimat mit sich. Ihre Kinder besonders sind schon ganz echte Berliner Kinder, denn nichts ist ansteckender als das Pflaster dieser Stadt, der Asphalt ebenso wie die Kopfsteine, und wer erst Jahre hindurch über dieses Pflaster spaziert, von Straßenbahnen darüber hingeschüttelt worden ist, der weiß nichts mehr anderes als Berlin, Berlin. Vier Millionen Menschen schimpfen gemeinsam auf diese Stadt, vier Millionen Menschen haben, neben manchen Eigenheiten der Herkunft, von ihr und nur von ihr die Sprache, die Denkart, den Mutterwitz.

Echte Berliner Kinder

Ein Fremder, der nach Berlin kommt, sieht freilich so gut wie nichts von diesem wahren Wesen der vier Millionen, wenn er nur Unter den Linden spazieren geht, auf dem Kurfürstendamm flaniert, und ganz im Zeichen der sogenannten Sehenswürdigkeiten lebt, als ob der Berliner, als ob das Volk, das wirkliche Volk von Berlin, nicht auch sehenswert wäre. Aber freilich, dies Volk gehört nicht zu den Dingen, die man in Berlin »unbedingt gesehen haben muss«, und so weiß der Fremde nichts von ihm, nichts von seinem Leben, seinen Ausdrucksformen, seinen Lustbarkeiten.

In einem Berliner Hof

Kommt mit auf einen BERLINER HOF, irgendwo im Osten oder Norden. Strahlenförmig läuft auf ihm das Leben des ganzen Hauses mit all seinen Hinterhäusern zusammen; von hohen Mauern umgeben, von Eisengittern in Teile zerlegt, saugt er das häusliche Leben der Berliner in sich hinein, das Leben, das in allen fünf Etagen der vielen Häuser geführt wird, ein unruhiges Leben, ein Leben voll Lärm und Neugier und viel Streit. Es sehen immer Köpfe aus den Fenstern auf den Hof hinab, Köpfe von Hausfrauen, die »Neues« wissen wollen, denn wer ist wissbegieriger als eine Berliner Hausfrau, die ja nicht nur scheuert, kocht, putzt und die Kinder versorgt, sondern auch Gespräche mit und besonders über die Nachbarinnen führt, bis die Treppen vom Lärm widerhallen und der möblierte Herr um Ruhe bitten muss.

Tiefe Einblicke für Frühaufsteher

Fremder, du musst einmal im Winter ganz früh aufstehen, wenn du noch tiefer in dieses Volk von Berlin hineinblicken willst. Die Straßen in den Wohnvierteln sind schon um sechs, um sieben Uhr voll von Menschen. Es ist noch ganz dunkel, aber diese Leute auf den Straßen haben keine Zeit mehr zum Schlafen; sie laufen alle, so rasch es nur geht, sie sprechen nicht einmal dabei, es ist eine merkwürdig stumme Hast und nur die Absätze klappern hart auf das Pflaster. Hier ist das Volk von Berlin, das zur Arbeit stürzt, zwischen sechs und sieben Uhr die Arbeiter, zwischen sieben und acht Uhr die Angestellten. Und es kann noch so kalt sein: Die jungen Mädchen, unendlich müde noch von den Charlestons des vergangenen Abends, sie tragen seidene Strümpfe – bei einem Einkommen von neunzig Mark im Monat tragen sie seidene Strümpfe, niemand weiß, woher sie das nehmen und wie sie das machen. Aber sie machen es, und wenn sie abends von den jungen Männern aus den Büros und aus den Läden abgeholt werden, dann sind sie nach der Arbeit so vergnügt, so frisch und wieder so tanzlustig, dass die seidenen Strümpfe einfach mit dazu gehören.

Wenn du, Fremder, aber nicht so früh aufstehen willst, dann nimm dir einmal einen Sonntag frei und lerne an ihm das Volk von Berlin kennen. Ist es gerade Januar, so fahre nach der Hasenheide. Setz dich in die Untergrund und steige am Hermannplatz aus. Gehe dann hinüber in die NEUE WELT und lerne Bayrisch. Bayrisch? Jawohl, bayrisch, so bayrisch, wie es die Berliner sprechen und sein können. Im Januar, da verstecken sie sich nämlich, da sind sie ihrer Vaterstadt satt. Da wollen sie gern aus ihrer nördlichen Haut heraus in ein bayrisches Wams schlüpfen. Im Januar schreit der Berliner, der sonst bestenfalls »Hallo« ruft, plötzlich »Holdrioh«, im Januar jodelt er, statt Gassenhauer zu pfeifen, da singt er Schnadahüpfl, da ruft er nach der Zenzi. A Maß und noch a Maß und noch und noch und noch a Maß – das sind die wichtigsten Lebensäußerungen des Volks von Berlin, wenn das neue Jahr angefangen hat. Im Januar gibt es das große BOCKBIERFEST, bei dem ein ganzer Ochse am Spieß gebraten wird, bei dem eine bayrische Schrammelkapelle die ältesten Notenblätter unausgepfiffen verwerten kann, bei dem ungeheuer viel Lärm und Stimmung, Stimmung, Stimmung herrscht. »Das Leben ist am schwersten, drei Tage vor dem Ersten«, solche Plakate hängen von der Decke herab, soll man da nicht gleich in Stimmung sein, wenn man auch eine Weile nach dem ersten Glas Bock rufen muss? Die Berliner Bajuwaren sind losgelassen, mit Trara und Bumbum wird die Bockbiersaison eingeleitet, durchgehalten und

Nimm dir einmal einen Sonntag frei!

Ein großes Hurra beim Bockbierfest

beendet – das Volk von Berlin trinkt seine Maß, bis der Hermannplatz voll von schwankenden Gestalten ist, die Berliner gehen im Januar zum Bockbierfest und wenn der ganze Schnee verbrennt.

Die Leute vom Kurfürstendamm gehen übrigens auch hin – »studienhalber«. Setzen sich an die Holztische ohne Tischtücher, lassen die Vornehmheit aber meist nicht ganz zu Hause und werden infolgedessen angeulkt. »Männeken, reg dir man bloß nicht künstlich uff« heißt es, wenn einer etwa aufbegehrt, in echt bayrischem Dialekt, danach wird der Gast hinausgeekelt, und die Gemütlichkeit höret nimmer auf.

Abends im Verein

Am Abend ist dann irgendwo noch ein Fest im VEREIN. Es ist ganz gleich in welchem; jeder Berliner ist und bleibt Mitglied irgendeiner Vereinigung, und wer ehrgeizig ist, kann zu hohen Vereinswürden gelangen, ohne freilich im Ansehen seiner Mitbürger dadurch etwa zu steigen. Der Berliner legt nämlich – und das ist nicht seine schlechteste Eigenschaft – sehr, sehr wenig Wert auf Titel, Orden und Ehrenzeichen, und was die Vereinsmeierei insbesondere angeht, so spottet er über sie – und macht sie doch gerne mit. An diesem Vereinsfestabend also hat nur der Vergnügungsausschuss was zu sagen; er hat schon vorher die Girlanden an die Wände geklebt und die Lampions – »Lampignons« heißen sie in Berlin – harmonisch verteilt.

Bei Beginn des Vergnügens wird dann ein junger Mann mit wallendem Haar auf den Flügel, genannt »Klavierdroschke«, losgelassen, die Vereinsdamen trinken inzwischen schon Kaffee, die Vereinstöchter lächeln teils verschämt, teils unverschämt und langsam geht der Tanz los. Zwischen Fox und Altdeutschem hält der Vorsitzende später jene Rede, deren Ende

Berlin N.

allerseits mit Ungeduld erwartet wird; er spricht von den hohen Aufgaben des Vereins, die es zu er-, von der leeren Kasse, die es aufzufüllen gelte und, je nachdem, auch vom Vaterland. Worauf der maitre de plaisir (gesprochen Meta de pleesihr) »Damenwahl« ansagt. Dann setzt sich wieder die Klavierdroschke in Bewegung, die Herren lächeln jetzt, übrigens meist recht verschämt, die Mütter, Tanten und Großkusinen billigen oder missbilligen und der Vorstand setzt sich einmütig zum Skat.

Damenwahl!

So ist es, wenn die Mütter dabei sind. Öfter, viel öfter sitzen sie am Radio zu Hause und die jungen Leute tanzen allein. Und da unterscheidet sich dann das junge Volk von Berlin durch nichts anderes von andern Völkern als vielleicht durch die Schnelligkeit: So manches Mädchen, das allein auszog, kommt zu zwein zurück. Wie das kam, braucht man natürlich nicht näher zu beschreiben. Selbst die Akteure sind im Allgemeinen verschiedener Ansicht. Teils war es, wie sie sagen, »knorke«, teils »dufte«, teils »schnafte«, teils »schnatzig«. Was auf hochdeutsch etwa die Steigerungen von schön über herrlich und glänzend zu wundervoll ausdrückt.

Lunapark

Dann aber im Sommer die Vergnügungsetablissements, das sind diejenigen Unternehmen, die das Vergnügen gewerblich betreiben. Sehnsucht aller Berliner Mädchen ist der Sommerabend im LUNAPARK. Manchmal, bei schönem Wetter, ist das wie eine Prozession nach Halensee, nur natürlich viel weniger feierlich. Die Kavaliere, teils Porto-, teils schon Hauptkasse, bezahlen den billigen Eintritt aus der Westentasche. Wenn es weiter nicht ist … Aber das dicke Ende kommt nach. Natürlich muss man auf die lange Berg- und Talbahn, wo die Mädels immer so laut kreischen, weil sich ihnen der Magen beinahe umdreht, wo die Röcke hochfliegen, die Hüte verloren gehen – und wo eben die andern auch alle sind. Ferner muss man selbstverständlich auf den »eisernen See«, der »höhere Wellen macht als vorichtes Jahr die Ostsee, weißte noch, in Heringsdorf?«. Schließlich muss man dann auch noch mal gewürfelt haben – »jeder Wurf ein Jewinn, nur Ihrer jrade, na, so ein Pech« –, ferner muss man ins Liliputanerdorf und auf die Luftschaukel und womöglich, wenn einem noch nicht schlecht genug ist, auf das Karussell. Na, und ein paar »heiße Wiener« gehören geradezu zum guten Lunaparkton, und wenn dann am späten Abend das Riesenfeuerwerk über dem Halensee leuchtet, dann bleibt kein Auge trocken und keine Kehle. Das Auto nach Hause, »vornehm geht die Welt zugrunde, so pleite so pleite, jetzt kommts nicht mehr drauf an« – dies Auto nach Hause also macht den Ruin komplett –, »aber schön wars doch und wir gehen bald wieder«.

Wenn wir aber doch nicht so bald wieder nach Rummel Halensee gehen, dann besuchen wir wenigstens den nächsten Miniaturpark, den BERLINER RUMMEL. Hier ist alles weniger fein (und weniger teuer), hier reden die Schaubudenbesitzer dafür noch lauter, und die Sensationen – Aurora, das lebende Fischweib in Öl, Schalamahuihui, Mensch oder Puppe, frisst Bretter und gibt warme Kamelhaardecken wieder von sich – diese Sensationen sind gröber als das Lachkabinett im Lunapark und der Tattersall. Aber es ist hier ebenfalls Lärm, Stimmung und Betrieb, die Witze sind genauso gut oder schlecht wie draußen, es ist Krach, Durcheinander, es ist Rummel und nochmals Rummel. Gebt dem Volk von Berlin seinen Rummel und es wird vergnügt sein, es wird alles »knorke« finden.

Der Rummel

»Knorke«, ja, das ist ein Wort, fest verankert im neuzeitlichen Berliner Idiom. Es ist ja damit eine merkwürdige Sache. Jeder Bayer spricht schließlich bayrisch, und jeder Rheinländer rheinisch. Aber spricht jeder Berliner etwa berlinisch? Die Herren und Damen der Gesellschaft, die es tun, gelten als Originale, und wer auch nur ein bisschen was sein will, befleißigt sich selbstverständlich des Hochdeutschen. Wer aber doch die Sprache des Berliner Volkes kennenlernen will, der gehe zu den Professoren dieses Idioms, zu den Händlern und Händlerinnen auf Markt und Straße. Er wird zwar auch dann niemals begreifen, wann mir statt mich gesetzt wird, er wird nur hören icke und dette und Oogen statt Augen, und Beene statt Beine, und

Berliner Idiom, knorke!

was da für Lautverschiebungen noch möglich und gebräuchlich sind. Aber darauf kommt es auch nicht an. Wichtiger, interessanter und auch verständlicher ist das, was das Volk von Berlin um mehrere Nasenlängen vor andern voraushat: seinen Witz und seine Frechheit. »Ein Etui für alle denkbaren Zwecke. Onkel steckt es harmlos in die Tasche, Tante sucht et noch nachts um zwölf. Drin is nischt, aber, Leedies und Tschentelmen, Minherrs und Jungfrauen, det is ja grade det Scheene, det se rinlegen können, wat se wollen ...« Wer so seine Pappportemonnaies als echtes Leder anbietet, braucht um die Kauflust der lachenden Zuhörer nicht besorgt zu sein. »Scheene jrüne Bücklinge, Lavendel, Vanilje, Sicherheitsnadeln, na, junger Mann, für wie viel solls denn sein« – »Süße Kirschen, schwarz wie die Nacht« – »Pflaumen, zuckersüße Pflaumen, wer keene kauft, lutscht sich am Daumen«. Da gibt es die berüchtigte Veräppelung oder Verkohlung – »Mensch, du hast wohl lange nicht aus'n Krankenhausfenster gekiekt« – solche und andere Kraftausdrücke gibt es in Fülle, hier auf dem Berliner Markt, hier in der nächsten Straße. »Wer Pfefferminz isst, kriegt keene Plattfüße«, das ist ein Angebot, wie es nur aus Berlin, nur von einem aus dem Volk von Berlin kommen kann.

Berlins Witz und Frechheit

Und dieses Volk, das so kaltschnäuzig ist, hat auch seine – Poesie. Es ist eine sehr merkwürdige Poesie: eine Art Schmalzstullenlyrik, sagen manche, und man findet sie an den Sommerabenden bei denjenigen, die nicht die Berg- und Talbahn benutzen. Da ist der TIERGARTEN, den die Stadtverwaltung so mangelhaft beleuchtet, dass ihr insgeheim schon Hunderttausende, und zwar durchaus keine Verbrecher, dankbar gewesen sind. Es ist in diesem schönsten und größten Park Berlins an warmen Abenden kein Plätzchen zu haben; es sitzen auf

Schmalzstullenlyrik

allen Bänken Leute in der Dunkelheit, die wenig reden und denen jedes Licht eine Störung ist. Das heißt: Plätze sind noch genug vorhanden, denn immer nur zwei Personen sitzen auf dem hölzernen Brett, ein Männlein und ein Weiblein. Und man lässt sie dort allein sitzen, niemand hat das Herz, unerwünschter Dritter zu sein, diese beiden da zu stören, auf dieser Bank, auf der nächsten Bank, auf jeder Bank in dem kilometerlangen Park. Da gehen die, die keinen Platz fanden, schon lieber nach den »Zelten«, jener merkwürdigen Ansammlung von Lokalitäten, die am Ufer der Spree ein vom Verkehr verschontes Dasein führt. Da ist plötzlich Musik, Licht und Betrieb, um die Kaffeehausgärten herum noch mehr als an den Tischen in ihnen. Und merkwürdig: Hier sind die Geschlechter streng getrennt. Zwei Damen – zwei Herren – zwei Damen – zwei Herren, so geht man auf und ab und ab und auf, bis plötzlich ein Scherzwort auffliegt, ein Hut gezogen wird, ein Gespräch sich anbahnt. Da hört dann natürlich die Trennung bald auf. Eine Dame, ein Herr, eine Dame, ein Herr, so zieht man ein durch die Pforte von Zelt eins, zwei oder drei, so nimmt man Platz an einem der Tische, so bestellt man Bier und Kaffee, so hört man die Militärmusik und so geht man schließlich wieder hinaus in den Tiergarten. Zwei leere Bänke werden schon noch irgendwo zu haben sein. Es ist ja nicht gut, wenn der Mensch allein ist, es ist viel besser, wenn er zu zwein ist, sagt der Berliner dazu und außerdem: getrennt marschieren, vereint schlagen.

Am Ufer der Spree

Oder aber man fährt abends nach außerhalb. Je nachdem, ob vom Osten oder aus Schöneberg, setzt man sich in die 187 oder in die Wannseebahn und dann gehts im Sommer nach WANNSEE oder TREPTOW. Und das ist auch ein klein wenig Berliner Poesie, wie sie da in den Gärten an den Ufern sitzen, auf die

Nach Wannsee oder Treptow

Ruderboote gucken, deren Lichter auf dem Wasser hin- und herschwanken, wie sie auf harten Stühlen lange Stunden sitzen bleiben, weil sie doch auch etwas vom Sommer haben wollen, wie sie dann ganz langsam aufstehen, um sich wieder hineinrütteln zu lassen in die dumpfen Straßen bis zu den Mietskasernen. Und das ist für die Berliner schon eine ganze Menge, am Sommerabend nach Wannsee oder Treptow zu fahren, nach dem Plänter- oder dem Grunewald, und ein Glas Bier im Freien zu trinken. Das Volk ist ja gar nicht so unbescheiden und nicht so schlimm, wie die von ihm sagen, die es nicht kennen. Es liebt den Lärm, den es Vergnügen nennt, es kann nicht ohne dies merkwürdige Etwas sein, das bei ihm »Stimmung« heißt, es bleibt bei jedem Leiermann stehen, um die ältesten Gassenhauer zu hören, es bildet einen Auflauf um jedes gefallene Pferd. Es ist laut, weil die Stadt laut ist, aber es kann ganz leise und andächtig sein, wenn ein Stück vom Sommerabend sich über die Ufer der Spree senkt.

BERLINER REDENSARTEN

Das Argot der Großstadt – Zossen, Nuckelpinnen und Zementluden – Der Berliner hat viel Mutterwitz.

Das Argot der Großstadt

Das Wort »Argot« ist unübersetzbar, denn dieser Begriff deckt sich noch lange nicht mit dem Begriff des Dialekts. Dialekt ist die durch natürliche Entwicklung entstandene Abart einer Sprache, das »Argot« ist eine Spezialität der Großstädte. Gegenüber der Unwandelbarkeit des Dialekts ist das »Argot« sehr veränderlich. Er wandelt sich nach der Zeit, erfährt zeitgemäße Umbildungen, bereichert sich Jahr für Jahr. So haben sich auch die Berliner Redensarten besonders während der Kriegsjahre stark umgebildet, weil der Berliner Argot Worte aufnahm, die im Schützengraben entstanden sind.

Berlin hat sein Argot, wie jede Großstadt seine Redensarten, die man durchaus nicht nur bei den »unteren« Schichten hört. Selbst der gebildete Berliner »türmt«, wenn er von einer Gesellschaft ohne Aufsehen zu erregen, verschwinden will, und auch er sagt »knorke«, wenn er etwas als sehr gut bezeichnen will. Der Fremde freilich, der sich im »Milljöh« des braven Meisters Zille nicht auskennt, wird ziemlich hilflos dastehen, wenn ihm jemand das schöne Wort »Vahsteste« an den Kopf schmettert, da er gewiss nicht wissen wird, dass für den Berliner dieses Wort ungefähr dasselbe bedeutet, wie für den Pariser das im Laufe eines Gesprächs immer wiederholte: »Vous comprenez?«

Knorke!

Birne, Schnute, Mauken

Berlin hat also seine eigenen Fachausdrücke für alle anatomischen Begriffe: Der Berliner hat keinen Kopf, sondern eine »Birne«, »Murmel«, »Appel« oder »Dach«, in dem statt Augen »Linsen« sitzen, er spricht nicht mit dem Mund, sondern mit der »Schnute«, er taumelt nicht auf zwei Füßen, sondern auf zwei »Mauken« oder »Korkeln«. Er trägt keine Schuhe, sondern »Latschen«, und wenn er ohnmächtig wird, so »kippt« er »aus den Latschen«. Sein Anzug ist eine »Schale«, wird er aber »aus dem Anzug gestoßen«, so wird er verprügelt. Passt einem der Kopf nicht ganz in die Welt, so ist er mit einer »weichen Birne«, einer »sauren Murmel« oder gar mit einem »harten Appel« begnadet. Hat er zu viel auf die Lampe gegossen, so hat er eben eine »saure Schnauze«. Wer »in den Sand jestoßen« oder »in die Murmel jestochen« wird, tut gut daran, die nächste Unfallstelle aufzusuchen, und ist irgendwo ein »Klamauk« entstanden, so muss einer »Stieke!« brüllen, damit Ruhe entsteht.

Der Berliner geht auch nicht – er »flitzt« oder kommt »anjetanzt«. Er trinkt nicht, sondern »jießt eenen uff de Lampe« oder gar »hinter die Binde«, bis er dann vollkommen »beschickert« ist.

Mohndoof, matte, kess

Der Mann, der gern und viel aufschneidet, »bibbert mit der Kinne«, und wird am Ende freundlich aufgefordert, »die Backe zu halten!«. Ist der Berliner erstaunt, so denkt er, ihn »laust der Affe«. Ist er auf den Kopf gefällen, so ist er »dämlich«, »doof«, »mohndoof«, »matte«, »dusslich«, oder gar »mieriger Madensack«. Spielt er Karten, so »zockt« er. Benimmt er sich gar zu hochmütig, so benimmt er sich eben »affig«, und tanzt er, so »dreht er eine kesse Sohle«.

Für Geld – beziehungsweise Jeld – hat der Berliner ein Dutzend saftige Bezeichnungen. W. Kiaulehn hat sie einmal im

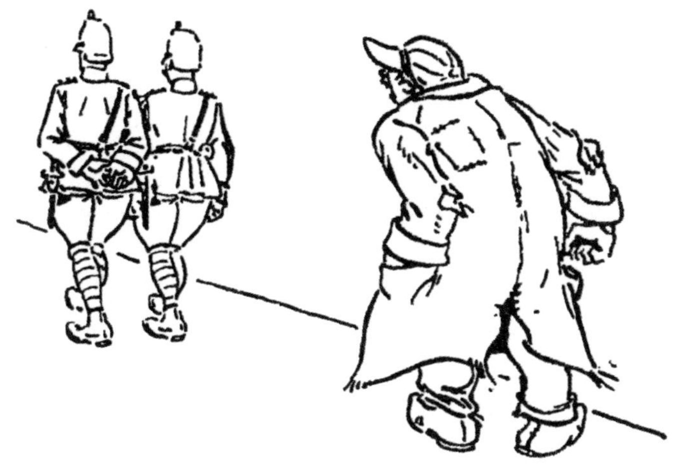

»Wer mir beleidigt, den stoß ick aus 'm Anzug!«

»Berliner Tageblatt« aufgezählt. »Marie, Eier, Zimmt, Piepen, Moneten, Platten, Pinke, Möpse, Moos« sind alles Bezeichnungen für das liebe Geld, das die Welt bewegt, aber am verbreitetsten ist wohl die Bezeichnung »Zaster«.

Schimpfen tut der Berliner nicht ganz zimperlich, und wenn er »dämliches Aas« ruft, dann ist er noch nicht im Geringsten erzürnt. Sein Zorn beginnt erst, wenn er einen »koofen will«, oder die Absicht äußert, ihn »uff'n Leisten zu ziehen«, und steigt seine Wut weiter, so äußert sie sich in den folgenden Ausdrücken: »Dir nehm' ick und leje da uff de Stulle und dann wirste jefressen …«

»Dir soll ick wohl mal einatmen?«

»Aus dir mach' ick 'n Besen und fege damit die Eisbahn uff!«

»Dir hau' ick vor die Linse!«

Dass das Polizeipräsidium »Alex« heißt, und die Polizei

»Polente«, dürfte bekannt sein. Von den Stammgästen des »Alex«, nämlich von den »Ganoven«, wird man »belattschert«, »auf die Karre genommen« oder »auf die Schippe genommen«, was stets mit Betrogenwerden identisch ist.

Zossen, Nuckelpinnen, Zementluden

Auf der Straße sieht man »Zossen«, nämlich Pferde, und viele Autos, unter denen sich eine ganze Masse »Nuckelpinnen« – Kleinautos – befinden. Auch das »Hemo«, nämlich das Fahrrad, ist sehr verbreitet, und die begeisterten Anhänger des Radsports geben sich im »Nudeltopp« Stelldichein, nämlich auf der Radrennbahn, wo die »Zementluden« miteinander kämpfen. Beginnt eine Jagd auf der Bahn, so »geht die Post ab«, und ist ein Fahrer »mulmig« geworden, so brüllt die Tribüne »gib ihm Saures«. Sonst ist Sport für den Berliner stets eine »dufte«, nämlich eine gute, Sache. Ob es ein Pferderennen ist, wo die »Krampen« laufen, ein Fußballkampf, oder gar das Sechstagerennen, er ist mit Herz und Seele dabei, regt sich auf, tobt, kritisiert – ob die Sache »knorke«, »vollknorke« oder gar »edelknorke« ist, was sehr gut bedeutet, oder ob es auch »ocke« ist, was faul heißt.

Der Verbrecher »dreht ein Ding«, das erst richtig »ausbaldowert« werden muss, und einer steht dann »Schmiere«, bis die Sache »klappt«. Klappt sie nicht, wird sie von einem »Achtgroschenjungen« »verpfiffen«, so erscheint die »Polente« mit der »grünen Minna«, nämlich dem Gefangenenwagen, und für den misslungenen Coup winken »schwedische Gardinen«, hinter denen man für einige Zeit verschwinden muss.

Nicht aus dem Knigge

Eines der Lieblingsworte des Berliners ist das Wort »Aas«, das er aber in aller Freundlichkeit zu verwenden pflegt. Das junge Mädchen sagt ärgerlich zur Freundin: »Da hat man einen Schatz und nu kommt det Aas nich!« Das Kind heißt »det

„Mutta, jieb die Blum=töppe raus, Lieschen sitzt so jerne ins Jrüne!“

kleene Aas«, und man soll ihm »die Boulette lassen, es spielt doch bloß damit«.

Ein Pockennarbiger hat »een abjeknabbertet Kirschkuchenjesicht«, und wenn ein Berliner mal in Verlegenheit kommt, dann sitzt er in der »Bredullje«, was dazu führt, dass ihn die guten Freunde »veräppeln«.

Der Nichtberliner soll aber aus diesen Redensarten kein falsches Bild gewinnen: Der Berliner ist kein Raufbold und kein derber Geselle. Im Gegenteil: Der richtige Berliner ist mit viel Mutterwitz begabt, er ist manchmal schnell in Zorn geraten, aber nur äußerlich derb. Er weist eine ganz entschiedene Neigung zur Kritik auf, er nörgelt oft und gern, hat viel Selbstvertrauen, ist spöttisch und ziemlich respektlos. Seine Schnoddrigkeit kann eben als eine Verbindung zwischen Respektlosigkeit und Schlagfertigkeit bezeichnet werden. In Wahrheit ist er aber erheblich gutmütiger, als es scheint. »Een Hieb«, sagt er – »der zweete wäre Leichenschändung!« … Und wenn er dann darangeht »auszuknobeln«, was er »mit dem anjebrochnen Abend anfangen« soll, dann wird er zu einem wirklich gemütlichen Kerl.

Der Berliner hat viel Mutterwitz

BERLINER WOCHENENDE

Das Weekend ist Vereinsangelegenheit –
Auch ohne Auto – Ausflüge an die Seenplatte.

Im Sommer 1926 stand plötzlich in allen Zeitungen, was »Weekend« wäre, wieso es gut und warum es so sehr wünschenswert sei. Der zweite Bürgermeister von Berlin, der sonst etwas hinter den breiten Schultern seines Kollegen Böß verschwindet, machte plötzlich von sich reden, indem er einen Aufruf für Schaffung eines Berliner Wochenendes erließ – und schon begannen die Rundfragen in den Blättern. Von Hindenburg bis zu Herrn Kulicke gab jeder kund, wie er zu der Wochenendidee stehe (die Angestellten waren alle dafür, die Chefs dagegen), schließlich aber wurde dann doch allgemein bemerkt, dass die Idee gar nicht neu sei, sondern dass ein Wochenende für sehr zahlreiche Berliner schon seit Langem existiere. Tatsächlich machen die Berliner seit Jahr und Tag ihr Weekend, und in den Orten um Berlin weiß man von dieser Einrichtung ein freudiges und metallisch klingendes Lied zu singen.

Wie verbringt der Berliner sein Wochenende, und wo verbringt er es? Da muss vor allem gesagt werden, dass auch das Weekend für viele Berliner eine Vereinsangelegenheit ist. Das ist nichts Böses, im Gegenteil. Das Weekend der Sportbeflissenen zum Beispiel wäre ja ohne Verein kaum möglich, denn der Einzelne ist ja im Allgemeinen nicht in der Lage, sich ein Haus

Wassersport

nur für den Sonntag zu bauen. Das aber kann der Klub, und so ziehen denn an jedem Sommersonnabend Tausende an die Ufer der Oberspree, des Wannsees, der Havel und des Tegeler Sees und bevölkern hier die Bootshäuser der Ruder- und Seglervereine. Nachmittags fahren sie hinaus, sitzen abends auf der Veranda, spinnen Seemannsgarne oder musizieren und gehen schließlich auf ihre Zimmer oder in den gemeinsamen Schlafsaal, um am anderen Morgen schon ganz früh in den Booten zu sitzen. Lauter sporttreibende Wochenendfahrer sind das, sie rudern, segeln, paddeln oder fahren Motorboot, das schönste für alle aber ist doch die Rast am Ufer, der »Hinleg«, wie der Ruderer sagt, und nur ungern und möglichst spät gondelt man am Abend wieder an die Bootshausstege. Erst Montag Früh findet das Wochenende der Wassersportler mit dem verhassten Eisenbahngerüttel nach der Stadt sein Ende.

Es braucht nicht mal ein Auto

Wer keinen Klub hat, keine Laube und kein Haus, verzweifelt deshalb durchaus nicht. Er kann so vielerlei tun, das Wochenende freudvoll zu begehen, er kann – das ist sein Vorteil – jeden Sonnabend an einem anderen schönen Orte sein, kann die Mark, Mecklenburg kennenlernen und er braucht dazu nicht einmal ein Auto, wenngleich der Besitz eines Wagens für die Wochenendfahrer zu den erstrebenswertesten Dingen gehört. Es ist an dieser Stelle nicht möglich, alle die vielen schönen Punkte aufzuzählen, die die Berliner Wochenendler zu ihrem Sonnabend-Sonntag-Aufenthalt gewählt und teils auch noch nicht gewählt haben. Aber ein kurzer Überblick auf die mannigfaltigen, zu kürzerem oder längerem Aufenthalt einladenden Ortschaften in der weiteren Umgebung Berlins soll gegeben werden.

Der Berliner, auch der Nichtsportler, ist, so paradox das

klingt, eine Wasserratte, und er hat Ursache dazu. Denn in der immer noch als sandig verschrienen Mark dominiert das Wasser und nirgendwo in Deutschland gibt es mehr Möglichkeiten, Seen und Flüsse zu besuchen, als in der Nähe der Reichshauptstadt. Das ist die Seenplatte östlich von Berlin. Vom Görlitzer oder Schlesischen Bahnhof fahren die Züge ab, und wer bescheiden ist, braucht nur eine halbe Stunde im Kupee zu sitzen. Dann ist er schon in Grünau, am Langen See, gegenüber von den Müggelbergen, und wenn er sich etwa nach Wendenschloss übersetzen lässt und die Bismarckwarte oder den Müggelturm besteigt, dann sieht er ringsum Wasser, Wasser, Wasser. LANGER SEE, SEDDINSEE, ZEUTHENER SEE, GOSENER GRABEN, SPREE, DÄMERITZSEE, MÜGGELSEE, – weite Flächen, die am Sonntag von Scharen von Booten aller Art belebt sind. Und ganz ähnlich ist es am WANNSEE und auf der HAVEL. Wer aber nicht die Fülle von Menschen liebt, die hier überall an jedem Sonntag jeden Tisch in jedem Gartenlokal besetzt halten, der fährt über Grünau hinaus weiter nach Osten, steigt in Königswusterhausen um und kommt, teils per Bahn, teils per Landautobus, nach Teupitz. Ostern und Pfingsten ist das gefährlich, weil die Ruderer, die hier von weither eintreffen, durch die DUBROW, einen der schönsten Forste der Mark, und durch eine Unzahl von Seen hindurch eine so herrliche Fahrt haben, dass sie in Massen auftreten und jedes Quartier besetzen. Sie wissen genau, wo es schön ist, und in der kleinen Stadt Teupitz, am großen Teupitzer See, lassen sich schon ganz gut ein paar Feiertage verbringen. (Die Irrenanstalt und das Kriegerdenkmal auf dem Marktplatz braucht man ja nicht unbedingt zu besichtigen.)

Die Seenplatte – erstklassige Erholungsstätten

Teupitz

Scharmützelsee

Die andere große Wasserfläche im Osten Berlins ist der SCHARMÜTZELSEE, etwas euphemistisch »märkische Ostsee« genannt. Auch er ist schlecht zu erreichen, und wenn die Wochenendbewegung etwas Praktisches tun will, dann sorge sie dafür, dass nach den schönsten märkischen Orten nicht die schlechtesten Verbindungen bestehen bleiben. Nach dem Scharmützelsee reist man über Fürstenwalde, wo man umsteigen und in einer vorsintflutlichen Kleinbahn weiterfahren muss. Nur die Preise auf dieser Bahn sind modern, also unverschämt. In Saarow oder Pieskow steigt man aus, und dann ärgert man sich bald über nichts mehr, wenn erst die weite Wasserfläche sichtbar wird, mit herrlichen Villen an den Ufern und herrlichem Wald, der nur leider etwas von der Forleule angefallen ist. Es gibt dann nur noch einen Wunsch, selbst eine solche Villa zu besitzen. Leider versteht man es in SAAROW–PIESKOW allzu gut, aus den Naturschönheiten ein Geschäft zu machen und auf die Preise in den Gaststätten einen gehörigen Begeisterungszuschlag zu nehmen. Man begründet das damit, dass in Bädern alles teurer zu sein pflegt, und Saarow–Pieskow ist ein Moorbad. Das dicke Moor übt anscheinend auf die Preise einen steigernden Einfluss aus, und so gilt Saarow–Pieskow bei den Berlinern als sehr »fein«. Deshalb kommen diejenigen, die den Ort besuchen, auch meist nicht mit der Bahn. Es sind Automobilfahrer mit der Signatur I A, die hier mit Vorliebe ihre Woche enden lassen. Hinter Pieskow befindet sich eine merkwürdige Kolonie, die »Meckerndorf« heißt, weil dort lauter Leute wohnen, die stets »meckern«, nämlich lauter Schauspieler, unter ihnen Harry Liedtke und Alfred Abel, die sich hier von den Strapazen der aufregenden Ateliertage und Klubnächte ausruhen wollen.

Saarow

Ein anderes Lieblingsziel der Berliner Autler ist die MÄRKISCHE SCHWEIZ. »Märkische Ostsee«, »märkische Schweiz« – na ja, ein bisschen Übertreibung gehört schon dazu, und die Berge dieser Schweiz sind nun mal nicht immer mit Schnee bedeckt. Aber sie sind gewissermaßen lieblich, rahmen eine weich gerundete Landschaft, die man richtiger »Märkisches Thüringen« genannt hätte, ohne freilich damit auch den Thüringern zu nahe zu treten. Buckow heißt der schöne Ort, der, an den Ufern des Schermützelsees (Scharmützel- und Schermützelsee – unsere Altvordern waren in ihren Namen nicht sehr erfindungsreich) – am SCHERMÜTZELSEE also das idyllische Dasein eines allseits beliebten und besuchten märkischen Landstädtchens führt. Schöne Promenaden, gute Gasthäuser und sogar ein Stückchen historische Vergangenheit – mehr brauchen die Besucher Buckows nicht; nur aufpassen müssen sie, dass sie nicht statt vom Schlesischen vom Görlitzer Bahnhof nach Buckow abfahren. Sie kommen dann nämlich, ohne dass sie von irgendjemand etwa angehalten werden, in ein Nest gleichen Namens hinter Storkow, wenn sie bis dahin ihren Irrtum nicht selbst bemerkt haben und in Wendisch-Rietz am Scharmützelsee ausgestiegen sind. Das garantiert richtige Buckow aber trauert dem irregeleiteten Gast nicht nach, es braucht ihn nicht, denn es hat in der Hauptsaison, besonders zum Wochenende, genug andere Gäste, denen die märkische Schweiz so gut gefällt, dass sie immer wieder kommen. Sogar im Winter herrscht hier Betrieb. Wer nicht ins Riesengebirge, in den Harz oder gar in die richtige Schweiz kann, skiert bei Schneewetter in der märkischen.

Märkische Schweiz

Buckow

Das andere märkische Bad neben dem exklusiven Saarow-Pieskow ist FREIENWALDE. Wenn man in Saarow

Freienwalde

Moorbäder verabreicht, so gibt es hier Mineral- und andere Quellen, zu denen man von Berlin, Stettiner Bahnhof aus eine Bahnfahrt von nur anderthalb Stunden hat. Anderthalb Stunden, wenn man ein Glückspilz ist und einen von den durchgehenden Zügen erwischt, andernfalls muss man in Eberswalde umsteigen. Aber es lohnt sich schon, Freienwalde zu besuchen. Auch hier ist noch märkische Schweiz mit leichten Hügeln, flachen Tälern und prachtvollem Laubwald. In den Prospekten heißt es, dass Freienwalde der besuchteste märkische Kurort ist, und das mag stimmen. Die meisten Besucher sind zweifellos Wochenendfahrer, Bahnreisende und viel Automobilisten, denen das Pflaster der Stadt – in dieser Beziehung gleichen sich leider alle märkischen Kleinstädte – zu schlecht gewesen ist. Man hat aber in Freienwalde so viel Gelegenheit zu schönen Ausflügen, dass man über dem Waldboden das schlechte Straßenpflaster vergisst, und so ist die Stadt an den Sonntagen vom Hupen der Automobile erfüllt.

Das Bumenthal

Im Osten Berlins liegt noch ein anderes Waldgebiet, das von vielen zum Wochenendaufenthalt ausgewählt wird: das BLUMENTHAL. Bald hinter Strausberg fängt der riesige gedehnte Laubwald an, der etwas für diejenigen bietet, die Wochenenderholung ohne Trubel und ohne Menschen wollen. Es gibt in diesem Gebiet keinen »mondainen« Ort, überhaupt keine andern Häuser als stille Dorfbauten oder Förstereien. Für Automobile bieten sich nur wenige Möglichkeiten, da es kaum befahrbare Straßen gibt, und die Waldwege, die hier verlaufen, sind oft von Wildzäunen umgeben, über die stellenweise nur Leitern führen. Das Blumenthal liegt deshalb stets in tiefstem Frieden, und an seine landschaftlich entzückenden Punkte kommen nur Wandervögel und einsame Erholungsuchende.

Achtzig Kilometer vom Potsdamer Platz gibt es keinen lauten Ton – kurz hinter Strausberg liegt dieser verwunschene Wald, und vom Wriezener Bahnsteig, dem schäbigsten Bahnhof von ganz Berlin, muss man mit den übelsten Eisenbahnwagen hinfahren.

Wochenende

Die Wochenendfahrer, die Abwechslung wollen, erkundigen sich am besten sofort nach den Verbindungen, die sie zum Stettiner Bahnhof haben. Er ist der Ausgangspunkt, von dem es die allermeisten Weekendmöglichkeiten bei Berlin gibt. Da kommt man, wenn man in Eberswalde nicht auf die Freienwalder Bahn, sondern in der entgegengesetzten Richtung umsteigt, nach einem der schönsten und meistbesungenen der märkischen Seen, dem WERBELLIN, an dessen Ufer auch das Werbellin Jagdschloss des Reichspräsidenten steht. Wer nicht im Hotel St. Hubertus sein Nachtquartier aufschlagen will, fährt weiter bis Joachimsthal, wo er noch einen zweiten See, den GRIMNITZSEE, zur Verfügung hat. Joachimsthal selbst bietet zwar wenig, sofern man nicht gerade ein Denkmal besichtigen will, aber die Umgebung, die Umgebung … Oder aber: Man steigt in Eberswalde nicht um, sondern übernachtet da. Am andern Tage macht man dann den berühmten Ausflug nach KLOSTER CHORIN, der, wie es in den Führern heißt, schönsten Ruine der Mark. Überall sind hier tiefe Wälder, keine Kiefern etwa, wie man sie sich immer in der Mark vorstellt und wie sie am Bahnhof Grunewald stehen, sondern Buche und Eichen. Und der Choriner Klostergarten ist durchaus keine Ruine, sondern besonders wenn gerade der Flieder blüht, ein Stück Erde, auf der man es länger als einen ganzen Sonntag aushalten kann. Wenn man bei dem alten Zisterzienserbau am Historischen Geschmack gefunden hat, kann das nächste Wochenendziel, ebenfalls vom Stettiner Bahnhof aus erreichbar, eine Stadt sein, Templin die die besterhaltene Ringmauer der ganzen Mark hat: TEMPLIN. Es ist sehr reizvoll, durch die engen Gassen längs der Mauer zu spazieren, wo die Dachantennen so gar nicht zu den alten verwitterten Steinen und den Tortürmen passen wollen.

Wenn man aber von der alten Mauer genug hat, und durch ein Tor ins Freie flieht, dann hat man den Templiner See und den Lübbesee und den Gleuensee und viele schöne Wege am Wasser. Ganz ähnlich ist PRENZLAU, das auch einmal ein Wochenende lohnt, es müssen ja nicht immer nur Handlungsreisende sein, die diese Stadt besuchen, es gibt nicht viel solcher gotischen Kirchen bei Berlin, wie Prenzlau eine hat …

Saarow, Buckow, Freienwalde – das sind die anerkannten, die erstklassigen Erholungsstätten, die man besucht, wenn man nicht nur einen Tag Zeit hat. Diejenigen Berliner, die zu Ostern und Pfingsten nicht dorthin fahren und doch reisenderweise auf Wochenende gehen, diese Berliner haben noch ein paar andere Orte, wo sie sich zu den Feiertagen ein Stelldichein geben. Sie fahren nach dem SPREEWALD mit seinen Gräben und Mücken, sie fahren nach FÜRSTENBERG, das schon zu Mecklenburg gehört, und, wenn sie zu zwein sind, jung sind und keine goldenen Ringe tragen, dann fahren sie zu Pfingsten nach Rheinsberg. Sie nehmen ein ganz kleines Buch mit, in Pappe gebunden, das ist von Kurt Tucholsky und heißt genauso wie dieser Wochenendort: Rheinsberg. In ihm steht, wie so eine Zweiheit in diesem Ort lebt, gelebt hat, leben kann, leben soll …

Rheinsberg zu zweit

RHEINSBERG hat zahlreiche Gasthöfe, die an den sommerlichen Feiertagen bis zum letzten Billard besetzt sind, es hat ein Schloss, in dem Fridericus gewohnt hat, als er noch gar nicht Fridericus, sondern ein ungebärdiger Kronprinz war, und dieser Schlossbewohner hat viel Gutes für Rheinsberg getan. Er hat für die Rheinsberger einen Park geschaffen, der ein Pendant in der Mark nicht hat, für die Rheinsberger und für die Berliner Wochenendfahrer.

Eheringe nicht vergessen!

Dieser Park, das Schloss und die Stadt haben bei den Berliner Liebespaaren einen Ruf, dass sie alle, wenn es nur ginge, hierherfahren würden, um ein paar Tage lang unter falschen Namen auf polizeilichen Meldezetteln zu stehen. Manche von diesen Berliner Liebespaaren gehen – neben allem andern – nicht nur im Park spazieren, sondern machen Ausflüge in die Umgebung, die RUPPINER SCHWEIZ, ein an Seen und Wäldern überreiches Gebiet. Wenn sie nur anderthalb Tage bleiben, haben sie Sonntagsrückfahrkarten, die auch von NEURUPPIN gelten, und so ist diese Stadt ebenfalls ein beliebtes Ziel zum Wochenende.

Übrigens nicht die Stadt selbst, die geradezu der Typus einer alten preußischen Soldatenstadt ist. Die Straßen sind alle gleichmäßig gerade, schneiden sich durchaus rechtwinklig und sind zweifellos für Wachtparaden wie geschaffen. Ein weiter Marktplatz hat sicher einmal Kasernenhofdienste zu erfüllen gehabt, und in den Wirtschaften herrscht heute noch teilweise der altpreußische Ton: rau, aber durchaus nicht herzlich, und manchmal ohne Rücksicht darauf, dass die Kommandierten keine Rekruten, sondern Gäste sind. Die gleichen Liebespaare, die in Rheinsberg nicht weiter nach Nam' und Art und Trauschein gefragt werden, haben in Neuruppin oft unangenehme Erfahrungen gemacht, wodurch dieser Ort nicht gerade beliebter geworden ist. Trösten kann hier zwar nicht die Existenz einer Irrenanstalt, wohl aber die wunderschöne Ruppiner Schweiz, in der sich prachtvolle Touren und Dampferfahrten machen lassen.

Wer vom Stettiner Bahnhof weiteren Wochenendzielen nachstrebt, kommt nach Mecklenburg, nach NEUSTRELITZ zunächst, wo die besseren Berliner Bürger zu Stübinger in

Pension geben. Weiter locken NEUBRANDENBURG am Tollensesee und WAREN, an der weiten Müritz, das fast ein Seebad ist. Wieder andere Wochenendler fahren nach LYCHEN, das noch in der Mark liegt und einen guten Ruf als Sommerfrische genießt. Fürstenberg in Mecklenburg wurde schon erwähnt, GRANSEE, NEUGLOBSOW sind weitere Orte, die allsonntäglich ihren Besuch aus Berlin haben. Wer seinen Fontane auf den Wochenendfahrten in der Tasche trägt, wird natürlich nicht versäumen, von Neuglobsow aus den STECHLINSEE zu besuchen.

Verhältnismäßig gering sind die Wochenendmöglichkeiten im Westen und Südwesten Berlins.

Man kann es in WERDER sicher gut ein paar Tage aushalten, man kann auch KLOSTER LEHNIN besuchen – aber damit Werder sind die Möglichkeiten vom Potsdamer und Anhalter Bahnhof aus auch erschöpft. Zu erwähnen bleibt noch die Altmark mit STENDAL und vor allem TANGERMÜNDE, dessen Besuch wegen der eigentümlichen Schönheit der Stadt (nicht wegen ihrer Umgebung) lohnt. Man kann schließlich noch nach dem HARZ und der SÄCHSISCHEN SCHWEIZ fahren, aber das setzt schon ein Wochenende voraus, das sich von dem heute allgemein üblichen durch eine Verlängerung um mindestens 24 Stunden unterscheiden müsste.

WILL DER HERR GRAF EIN SPIELCHEN WAGEN?

Spielklubs – Politische Klubs –
Vornehme Klubs – Und immer gewinnt der Klub.

Früher wurde mehr gezockt

Wenn jemand vor drei oder vier Jahren nach Berlin kam, konnte er leicht den Eindruck gewinnen, in einer Stadt angelangt zu sein, in der sämtliche Rekorde von Monte Carlo geschlagen werden, was die Quantität der Spielgelegenheiten betrifft. Eine Welle der Spielleidenschaft fegte damals durch Berlin. An jeder Straßenecke machte ein Klub den Nepplokalen mit Nackttanz Konkurrenz, und die freundlichen Schlepper, die beim Herannahen der Polizeistunde vor den Restaurants standen, forderten in demselben Atemzuge zum Genuss eines Nackttanzes und zu einem kleinen Spielchen auf. Diese Zeiten haben vollkommen aufgehört. Die Polizei hat streng eingegriffen, die kleinen Spielhöllen sind ausgehoben worden, und ihre Räumlichkeiten verfielen dem Wohnungsamt. Mit der Deflation ebbte auch die Spielleidenschaft einigermaßen ab. Wer heute in dem Glauben nach Berlin kommt, hier ein Klein-Zoppot zu finden, der wird sehr enttäuscht sein, obwohl freilich auch heute noch gespielt wird. Aber lange nicht mehr in dem Maße wie in den Jahren der Inflation.

Es gibt zweierlei Klubs in Berlin, die wirklichen Klubs und die ausgesprochenen Spielklubs, die sogenannten TRIPOTS. In einen wirklichen Klub hineinzugelangen, ist keine leichte

Sache, denn diese Klubs sind Mittelpunkte des gesellschaftlichen Lebens und achten streng darauf, dass kein Unbefugter in ihre Räume komme. Als Gast kann man nur von einem Mitglied eingeführt werden, und wer als Mitglied aufgenommen werden will, muss zumindest zwei Paten haben, die verpflichtet sind, über die Persönlichkeit des von ihnen Empfohlenen die erforderlichen Informationen zu geben. Wenn auch Berlin kein Klubleben kennt, wie etwa London, so stehen doch die eleganten Berliner Klubs denen vom Pall Mall Street an Einrichtung, Komfort und Bequemlichkeit durchaus nicht nach.

Die großen Klubs

Während es aber in London eine ganze Reihe von großen Klubs gibt, kann man in Berlin höchstens acht oder zehn Klubs zusammenzählen, die man als wirkliche Klubs ansehen und bezeichnen kann. An ihrer Spitze steht der UNIONKLUB in der Schadowstraße, die Berliner Ausgabe des Wiener Jockeyklubs, dessen augenblicklicher Präsident Graf von Arnim-Muskau ist. Der Unionklub vereinigt freilich nicht nur Leute, die am Turf interessiert sind, sondern auch sonst eine auserlesene Gesellschaft. Die Weinbergs, die Haniels, die Goßler und Schröder aus Hamburg gehören ebenso zu seinen Mitgliedern wie etwa Großindustrielle aus dem Ruhrgebiet, ostelbische Magnaten, und ein bedeutender Teil der deutschen Aristokratie. Früher bedeutete die Mitgliedschaft des Unionklubs die sofortige Aufnahme in allen gleich vornehmen Klubs des Auslandes, jetzt sind aber diese Bande zerrissen. Freilich ist der Unionklub sehr teuer – der Eintritt kostet 500 Mark, der Jahresbeitrag 225 Mark, und außerdem wird zur Aufnahme im Wege des Ballotageverfahrens eine Mehrheit von drei Viertel der Stimmen verlangt. Ebenso vornehm wie der Unionklub, aber vielleicht noch unpolitischer, ist der ehemalige

Unionklub

KAISERLICHE AUTOMOBILKLUB VON DEUTSCHLAND, der aber mit seinen 2800 Mitgliedern den Unionklub viermal übertrumpft. Sein Präsident ist der Vorsitzende des Unionklubs, Graf von Arnim-Muskau, und er vereinigt ungefähr dieselben gesellschaftlichen Kreise. In seinen Räumen ist aber jedes Hasardspiel verboten.

Politische Klubs

An politischen Klubs besitzt Berlin drei: den DEMOKRATISCHEN KLUB in der Viktoriastraße, der sehr gemütlich eingerichtet ist, nicht teuer ist (Eintritt 100 Mark, Jahresbeitrag 60 Mark) und über 1200 Mitglieder aufweist, den KLUB DER DEUTSCHEN VOLKSPARTEI, den Dr. Stresemann begründet hat und der im ehemaligen Palais Wesendonck, in den Zelten, haust, sowie den NATIONALEN KLUB, dessen Vorsitzender General von Hutier ist. In diesem Klub sind die Aufnahmebedingungen am strengsten. Eine einzige ablehnende Stimme genügt zur Nichtaufnahme.

Nicht weniger exklusiv ist der KLUB VON BERLIN, der Klub der Millionäre, der die hohen Herren der Finanz, der Industrie und des Großhandels vereinigt. Allerdings wird er von seinen vornehmen und reichen Mitgliedern in der Hauptsache zum Mittagessen aufgesucht.

Vornehme Klubs

Vornehme Klubs, denen größtenteils Berliner angehören, sind noch der THEATERKLUB UNTER DEN LINDEN und der SPORTKLUB, sowie der KLUB 1880 in der Viktoriastraße, der auch viele Politiker und führende Persönlichkeiten des öffentlichen Lebens zu seinen Mitgliedern zählt und mit der Ressource von 1794 vereinigt ist. In diesem Klub wurde früher – besonders in den Vorkriegsjahren – viel und hoch gespielt. Er verfügt über ein sehr schönes Klubhaus in der Viktoriastraße und zählt einen großen Teil der Finanzaristokratie aus dem benachbarten Tiergartenviertel zu seinen Mitgliedern. Zu den großen Klubs gehört auch noch der von dem Herrn Blümel geleitete Allgemeine Sportverein, der einen Rennstall besitzt und in der Von der Heydtstraße ein prachtvoll eingerichtetes Klubhaus sein eigen nennt – das schönste Klubhaus in ganz Berlin, in dem viele prominente Berliner, darunter auch viele Maler, Schriftsteller und Künstler, verkehren, auch viele Mitglieder des Unionklubs und des Automobilklubs, und weiter der DEUTSCHE BÜHNENKLUB in der Joachimstaler Straße, zu dessen ständigen Gästen, neben vielen bekannten Berliner Künstlern und Journalisten, auch der Reichsminister Dr. Stresemann gehört.

Reichsminister Stresemann

Eines Abends drehte sich die Unterhaltung um die Beamtengehälter, die so viel niedriger sind als die Prominentengagen. Stresemann setzte auseinander, dass das Reich nicht in der Lage sei, seine treuen Diener so zu besolden, wie es die privaten Unternehmungen vielleicht tun können, und führte an, dass zum Beispiel ein Reichsminister, der doch schon an Repräsentationskosten viel ausgeben muss, ein Gehalt von 30.000 Mark im Jahre beziehe. Paul Morgan, der das alles mit angehört hatte, schüttelte den Kopf.

»Wäre ich Reichsminister«, sagte er, »dann könnte mich kein Mensch stürzen …«

Allgemeine neugierige Erwartung. Auch Stresemann schien auf das Rezept gespannt zu sein, denn man befand sich gerade inmitten einer Kabinettskrise.

»Ich würde«, fuhr Morgan seelenruhig fort, »ebenso viel Vorschuss nehmen, dass man mich nicht stürzen könnte …«

Diese Klubs sind es ungefähr, die wirklich die Bezeichnung »Klub« verdienen, kraft jener Exklusivität, die sie eben zu richtigen Klubs stempelt. Selbstverständlich wird auch gespielt, aber das Spiel ist hier kein Selbstzweck. Diese Klubs haben ausgedehnte Gesellschaftsräume, Lesesäle, sie vereinigen abends eine Reihe von Menschen, die sich bei einer angeregten Unterhaltung erholen wollen, und wenn sie zu den Karten greifen, so tun sie das ebenfalls zur Unterhaltung und nicht, um Geld zu verdienen. Es wird fast ausschließlich Ecarté gespielt, manchmal auch Chemin de Fer, in Berlin Tournant genannt, aber die Einsätze sind bei Weitem nicht so hoch, wie man das allgemein annimmt, und von so phantastischen Verlusten und Gewinnen wie in Monte Carlo, oder auch wie in den großen Pariser oder Deauviller Klubs, kann hier nicht die Rede sein. Spieler wie André Citroen gibt es in Berlin nicht, wenn es auch Leute gibt, die, ohne mit der Wimper, zu zucken, zwanzig- oder dreißigtausend Mark auf einen Sitz verlieren.

In den Tripots verliert man sein Geld

Viel höher wird in jenen Klubs gespielt, in denen das Spiel eben Selbstzweck ist. Solche Klubs gibt es in Berlin ebenfalls eine ganze Reihe. Sie haben auch ihre Aufnahmebestimmungen, aber praktisch kann jeder, dem es beliebt, sofort Mitglied werden und sich an den grünen Tisch setzen, wenn – er nur über die erforderlichen Moneten verfügt. Diese Klubs, TRIPOTS genannt, führen alle eine sehr gute Küche und verabreichen ein sehr gutes und billiges Essen, gewissermaßen als Köder, denn wenn jemand einmal im Klub sitzt, da wird er sich auch in den meisten Fällen zum Spieltisch setzen, auch wenn er eigentlich nicht mit der Absicht zu spielen hingekommen ist. Damen werden auch aufgenommen und zum Spiel zugelassen, während in allen vornehmen Klubs nur Herren als Mitglieder aufgenommen werden und die Räume der Klubs Damen nur bei besonderen Veranstaltungen offenstehen. In den Spielklubs werden freilich viel höhere Summen umgesetzt, und auch die Kartengelder sind bedeutend höher. Während die großen Klubs meistens nur 2 Prozent Kartengeld nehmen, verlangen die kleineren Klubs 3 bis 5 Prozent, was sehr verständlich ist, wenn man bedenkt, dass diese Klubs für ihre Inhaber die Existenz sichern müssen.

Der einzige Gewinner ist der Klub

Im Ganzen gibt es vielleicht hundert Klubs in Berlin, in denen l'art pour l'art gespielt wird, beziehungsweise zugunsten der Klubkasse. Denn es ist jedem Spieler bekannt, dass zum Schluss der einzige wirkliche Gewinner eben der Klub ist. In den hundert Berliner Klubs werden nach fachmännischer Schätzung allabendlich etwa 50.000 Mark Kartengelder eingenommen, also pro Klub durchschnittlich 500 Mark, was einem Gesamtumsatz von 30.000 bis 45.000 Mark entspricht. Diese Zahl lässt erkennen, dass das Spiel sich in ziemlich mäßigen Grenzen hält, obwohl in den Tripots, wie bereits gesagt, meistens viel höher gespielt wird als in den richtigen Klubs, in denen es keine Damen und eben aus diesem Grunde auch keine Galeriespieler gibt, so heißt der Mann, der für die Galerie spielt, also für die Zuschauerinnen, denen er imponieren will.

Die Tage der großen Partien sind vorbei

Die Tage der großen Partien sind vorbei. Solche Millionenpartien, wie sie in den vergangenen Jahren Graf Potocky und der alte Nikolaus Szemere im Wiener Jockeyklub ausgetragen haben, haben in Berlin niemals stattgefunden, und selbst die großen Berliner Spieler, wie die beiden Hohenlohes, der Russe Henneberg, oder gar Dr. Ludwig Meyer, der in Monte Carlo einmal zweieinhalb Millionen Franken gewann, sind verstummt. Der größte Spielgewinn, von dem man in Berlin viel gesprochen hat, waren jene zwei Millionen Mark, die ein sehr bekannter Berliner Funktionär, der heute einen hohen Verwaltungsposten bekleidet, im Jahre 1916 gewann, und es wird heute noch erzählt, wie er seine Gewinnserie mit einem Ruf von 8000 Mark begann, gegen Herrn Emmanuel Marx, eine ebenfalls sehr gut bekannte Persönlichkeit in Berlin. Dieser Abend kostete Herrn Marx die Kleinigkeit von 880.000 Mark, und sein Gegner setzte seine Gewinnserie noch vier Tage lang fort, bis er die stattliche Gewinnsumme von zwei Millionen erreichte. Allerdings soll er dann einen erheblichen Teil zurückgegeben haben, was ja eben das Schicksal aller großen Spielgewinne ist.

POTSDAM

Eine der bedeutendsten Sehenswürdigkeiten Berlin

»Die Stadt Potsdam mit ihrer reichen Architektur und den zu ihr gehörenden Schlössern und Parkanlagen ist das wichtigste Ziel für Ausflüge von Berlin.«

Mit diesen Worten begründet der Reiseführer, weshalb er dem Fremden den Besuch der zweiten, jetzt entthronten Residenz des deutschen Kaiserreichs empfiehlt. Ich muss aufrichtiger sein – und wenn auch ich dem Fremden sage, dass er Potsdam gesehen haben muss, so sage ich es nicht nur der Schlösser und Paläste wegen, auch nicht wegen der Denkmäler und der Springbrunnen, sondern ich sage es, weil diese, jetzt schlummernde Stadt zum Wesen Preußens und auch zum Wesen Berlins gehört. Wer sich über den Geist dieser Stadt und ihre reichen architektonischen Schönheiten unterrichten will, lese das ausgezeichnete Buch Moeller van den Brucks »Der preußische Stil«. Er wird von diesem feinsinnigen Kenner in die intimen Reize dieses einzigartigen Stadtbildes und seiner Umgebung aufs Beste eingeführt werden. Ich selbst muss mich hier kurzfassen.

Potsdam muss man gesehen haben

Zwei Jahrhunderte lang wurde Preußen von Potsdam aus regiert. Dort exerzierten die »langen Kerle« Friedrich Wilhelm I., dort rauchte der Soldatenkönig, der seinem Sohne eine Armee und eine wohlgefüllte Staatskasse hinterließ, seine Pfeife, von dort aus zog Friedrich der Große in den Kampf gegen die halbe Welt, dorthin kehrte er zurück, um seine alten Tage ohne Sorge zu verbringen – soweit es ihm sein ruheloser Geist erlaubte –, dort reifte der Gedanke zum Deutschen Reich. Aus den roten Backsteingebäuden der Potsdamer Kasernen zogen die Bataillone der preußischen Garde alltäglich zur Übung auf das Bornstädter Feld, und als dann der große Weltenbrand, der allergrößte unter allen Weltenbränden, erloschen war, da beschuldigte man in aller Herren Ländern den Geist dieser Stadt, der Sündenbock gewesen zu sein. Man pflegt Potsdam mit Versailles oder mit Schönbrunn zu vergleichen. Wie falsch! Die beiden anderen sind zwei Fürstenschlösser, nicht weniger und auch nicht mehr – Potsdam ist die steinerne Verkörperung eines Regimes, eines Gedankens, eines Ideals, die lebende Repräsentantin eines entschlafenen Systems, eine Stadt der Traditionen neben dem an Traditionen so überaus armen Berlin, es ist nicht nur eine Stadt, sondern auch eine Atmosphäre für sich.

Mit dem Vorortzug hin

In vierzig Minuten bringt uns der Vorortzug hin, an dem Wannsee vorbei, in dessen blaugrauem Wasser sich hunderte von Yachten und Booten spiegeln, an den Villen von Neubabelsberg und den rauchenden Schloten von Nowawes vorbei. Man schreitet über eine Brücke, und man steht vor dem alten STADTSCHLOSS, vor dem Friedrich Wilhelm I. seine »langen Kerls« exerzieren ließ. Man geht an dem Obelisk vorbei, den Knobelsdorff mit vier Sphinxen schmückte, dem kleinen Hause in italienischem Stil, in dem die Tänzerin Barberina wohnte, und der Schinkel'schen NICOLAIKIRCHE, deren wuchtige Kuppel sich weit über alle anderen Bauten des ALTEN MARKTES erhebt.

Die Straßen sind geschäftig und belebt. Straßenbahnen fahren mit lautem Glockensignal und viele Autos – nicht über 30 Kilometer, denn der Potsdamer Polizeipräsident, Herr von Zitzewitz, ist gar zu streng –, der Verkehr ist stark und lebhaft, die Schupobeamten winken, wie in Berlin, und trotzdem ist das ganze Milieu ein ganz anderes. Vielleicht auch kleinstädtischer, gewiss, aber auch von einem anderen Geist erfüllt, trocken und sachlich, ernst, weder nach rechts noch nach links schauend, gehorsam – ja, das ist vielleicht das richtige Wort, ergeben und gehorsam ist diese Stadt, die früher den hohen Offizieren und Beamten, dem Hof, den Prinzen und dem kaiserlichen Gefolge lebte, und der jetzt das Lebenselement entzogen zu sein scheint. Hoffotograph, Hoflieferant … die Schilder sind an vielen Stellen noch da.

Ergeben und gehorsam

Dicht hinter dem LUISENPLATZ beginnt der PARK VON SANSSOUCI, ein prachtvoller Park mit marmornen Skulpturen, Vasen und Fontänen. Sechs Terrassen bilden die Stufen, die zum Schloss hinaufführen, zum einstöckigen Bau, in dem Friedrich der Große lebte, sann und starb. Sein Sterbezimmer ist in historischer Treue erhalten und dort, wo er in seinem Lehnstuhl entschlief, sitzt jetzt seine gebrochene Gestalt aus Marmor gehauen in einem marmornen Lehnstuhl – ein mäßiges, von Wilhelm II. hierher gesetztes Kunstwerk, das die Stimmung des Raumes empfindlich stört. Doch einige Schritte weiter nur, und das runde Zimmer, dessen Schränke mit Büchern vollgestopft sind, es klärt darüber auf, dass dieser Mann weit über die Atmosphäre seiner Stadt und seines Landes, seiner Zeit und seines Alters hinausgewachsen war, und hinter dem Schloss steht noch die alte Mühle, deren Besitzer den König verklagte und zu ihm gesagt haben soll, dass es noch Richter in Preußen gebe.

Sanssouci

Das Neue Palais

Ist in Sanssouci jeder einzelne Ziegelstein mit dem Gedächtnis Friedrichs des Großen erfüllt, so weckt das NEUE PALAIS, das er gleichfalls hat errichten lassen, andere Erinnerungen, denn dieses großartigste unter den Potsdamer Schlössern war die Sommerresidenz Kaiser Wilhelms II. Da steht noch die FUNKENSTATION, die ihm die Nachrichten übermittelte, ebenso wie die kleine EISENBAHNSTATION WILDPARK, wo der Hofzug auf ihn zu warten pflegte. Aber die Säle, in denen er einst wohnte, sind verwaist, und die Fenster des Riesenbaues schauen blind auf den kleinen antiken Tempel herab, in dem die verstorbene Gemahlin des Kaisers ruht.

Wenn im Neuen Palais früher recht geschäftiges Leben herrschte, so ist es jetzt umso stiller geworden. Nur die Fremden kommen noch, und auch ihrer sind es nicht gar zu viele, denn die meisten Besucher interessieren sich nur für Sanssouci und allerhöchstens noch für die Orangerie.

Noch stiller ist es im NEUEN GARTEN, auf der anderen Seite der Stadt, dem Pfingstberg zu, wo man Fremde überhaupt nicht mehr trifft, höchstens Potsdamer Bürger, die sich auf einem Spaziergang erholen wollen – obwohl auch der Neue Garten manches bietet, was sehenswert ist, wie das MARMORPALAIS, dessen in holländischen Formen gehaltener Bau sich im Wasser des Heiligen Sees spiegelt, oder das SCHLOSS CÄCILIENHOF, in dem die Kronprinzenfamilie wohnte.

Das sind ungefähr die Sehenswürdigkeiten, die Potsdam bietet. Es ist scheinbar der Zahl nach nicht allzu viel – aber es reicht für mehr als einen Tag, und Potsdam selbst, die Stadt, gehört zu den bedeutendsten Sehenswürdigkeiten Berlins.

AUS DER KREISENDEN WELTFABRIK

Eugen Szatmaris Ansichten einer verschwindenden Metropole

Magnus Klaue

I.

In ihrem 1912 erschienenen Briefroman *Mein Herz*, dem Untertitel zufolge »Ein Liebesroman mit Bildern und wirklich lebenden Menschen«, beschreibt Else Lasker-Schüler eine U-Bahn-Fahrt durch Berlin:

»Ich gehe jetzt so oft allein in die Stadt, fahre mit all den Maulwürfen Untergrundbahn. Ich habe schon eine Erdfarbe bekommen. Ich soll schlecht aussehen. Daß mir das gerade auf hypochondrisch jemand gesagt hat! Denn erst jetzt fällt es mir auf, daß einen alle Menschen fragen: ›Wie geht's?‹ Ich such nun immer suggestiv nach der hypochondrischen, erdfarbenen Linie in meinem Gesicht über Knie-Görlitzer Bahnhof. Aber ich bin allen Ernstes krank, es glaubt mir nur dann erst Jemand, wenn ich ihn anstecke mit meiner Schwermut. Aber die Menschen haben ja von Natur alle so verkalkte Gesichter, Eier; wenn es hoch kommt Ostereier; ich freu mich immer, wenn ich ein lachendes Plakat unten im Erdfoyer der Hochbahn entdecke.«

Mein Herz ist ein fiktionales, ja im tiefsten Sinn ein versponnenes Buch. Alles darin stammt aus der Erfahrungswelt der Autorin, die in Berlin lebte und eine berühmte Protagonistin der dortigen Kaffeehaus-Bohème war; und doch stimmt im Sinne einer Übereinstimmung mit der Realität darin buchstäblich nichts. Alles erinnert an die Wirklichkeit, doch nichts spiegelt sie einfach nur wider. Gerade deshalb ist *Mein Herz* im doppelten Sinn ein Berlin-Roman. Es enthält eine Fülle von Wirklichkeitsspuren: Das Weinrestaurant Kempinski mit seiner 1912 gerade eröffneten Delikatessenhandlung kommt darin ebenso vor wie das Wintergarten-Varieté, das Lasker-Schüler oft besucht hat; das 1912 bereits im Verfall begriffene Arbeiterquartier »Am Krögel« in der Nähe vom Molkenmarkt, das die Nationalsozialisten 1935 abreißen ließen, ebenso wie das mit hohen Gittern gegen die Öffentlichkeit abgeriegelte Luxusvillen-Viertel rund um die Hildebrandstraße in Tiergarten; das Café Austria an der Potsdamer Straße mit seinem literarischen Kabarett ebenso wie das von Lasker-Schüler regelmäßig frequentierte Romanische Café in der Nähe der Kaiser-Wilhelm-Gedächtniskirche; die »Goldelse« auf der Berliner Siegessäule; die schicken Läden in Charlottenburg und das verruchte Amüsierviertel an der Friedrichstraße; Dutzende damals in Berlin ein- und ausgehende Künstler und Schriftsteller, von Oskar Kokoschka bis Karl Kraus, von Peter Hille bis Adolf Loos, sind Protagonisten des Romans.

Zugleich ist die wurstige Komik, mit der die nur halb gelungene Mimikry der Berliner an ihre eigene Metropole beschrieben wird (die erdfarbenen »Maulwürfe« mit ihren kränklichen Kalkgesichtern verkörpern sozusagen eine schlechte zweite Natur, mit der die Menschen, statt über die erste hinauszugelangen, auf urbanem Niveau in diese zurückfallen), selbst ein genuines Zeugnis der Berliner Mentalität, wie sie sich seit dem Kaiserreich bis in die Weimarer Republik in Romanen, Gedichten, Witzen, Spott- und Küchenliedern niedergeschlagen hat.

Die Verhärtung und Rohheit, die die Großstadt den Großstädtern abverlangt, damit sie den Alltag in ihr meistern, wird von ihren Bewohnern verinnerlicht und sarkastisch gebrochen an die Metropole zurückgegeben, unter der sie leiden und die sie lieben: Indem sie zeigen, dass sie noch gewiefter sind als ihre Stadt, schlagen die Berliner Berlin ein Schnippchen und erweisen sich gerade dadurch als seine authentischen Bewohner. Das ist das Bewegungsgesetz des Berliner Humors, aber auch von vielen Berlin-Romanen und -Dichtungen bis Anfang der dreißiger Jahre. Es prägt – auf andere Weise als bei Lasker-Schüler, aber in der Verarbeitung des Berliner Gestus ähnlich – unter anderem noch Alfred Döblins *Berlin Alexanderplatz* von 1929, Erich Kästners im gleichen Jahr erschienenes Kinderbuch *Emil und die Detektive*, Irmgard Keuns Angestellten-Roman *Das kunstseidene Mädchen* (1932) und Mascha Kalékos Gedichtband *Das lyrische Stenogrammheft* (1933), die bis heute wohl einzige ernst zu nehmende lyrische Reflexion des Sekretärinnenberufs. Alle diese Berlin-Dichtungen reflektieren in der Form, in der sie die Stadt darstellend verändern, parodieren und ironisieren, Erfahrungen, die man zu jener Zeit innerhalb von Deutschland nur in Berlin machen konnte.

Dem Verfahren der entstellenden Mimikry folgt auch Eugen Szatmaris Berlin-Reiseführer von 1927, der den Auftakt für die bei Piper erschienene Reihe »Was nicht im Baedeker steht« bildete. Szatmari, 1892 in Budapest geboren und Deutsch und Ungarisch schreibend, verfasste seit den zwanziger Jahren zahlreiche Reportagen für das deutschsprachige *Prager Tagblatt* und lebte zwischen 1925 und 1933 in Berlin.

Dass er in seinem Berlin-Buch literarische und alltagsphilosophische Reflexionen mit Reportage und touristischer Information verband, war damals nichts Ungewöhnliches, sondern entsprach den seinerzeit durchaus noch gleitenden Übergängen zwischen Literatur und Feuilleton, hoher Kunst und Gebrauchskunst. Der Baedeker, gegen dessen Erfolg beim Publikum sich die Piper-Reihe mit ihren subjektiv gefärbten Stadtführern absetzen wollte, war in den zwanziger Jahren noch keineswegs zu jenem Emblem für touristisch orientierte Halbbildungsvermittlung geworden, als das er dann in der Bundesrepublik seit den fünfziger Jahren konkurrenzlos den Markt beherrschte. Was alternative Reiseführer wie die der Reihe »Anders Reisen«, mit der in den achtziger Jahren der Rowohlt-Verlag Erfolg hatte, als Antwort auf die Vorherrschaft des Baedeker-Tourismus zur Geltung bringen wollten, war nichts wirklich Neues, sondern es knüpfte an die literarischen Reiseführer aus der Zeit der Weimarer Republik an. Diese waren, wie sich bei Szatmari erkennen lässt, nicht nur wesentlich unterhaltsamer als der hoheitlich-oberlehrerhaft daherkommende Baedeker, sondern sie unterscheiden sich auch von den späteren linksalternativen Gegenentwürfen durch ihren kosmopolitisch-liberalen, gelassen unpolitischen Duktus.

Nicht um ein bemühtes »Andersreisen«, nicht darum also, Dinge zu zeigen, die der erst viel später so genannte Mainstream dem Durchschnittstouristen angeblich vorenthält, geht es bei Szatmari, sondern – bescheidender, aber genauer und gerade deshalb dem Anspruch der Reihe entsprechend – darum, über all das zu berichten, was bisherige professionell Reisende mit ihrem automatisierten und routinierten Blick übersehen.

II.

Prägend für Szatmaris Blick – und auch darin erinnert sein Buch an den Gestus entstellender Mimikry in der damaligen Berlin-Literatur, an den Versuch, gleichzeitig Ähnlichkeit und Distanz gegenüber seinem Objekt anzunehmen – ist die Erfahrung der Koexistenz von Fremdheit und Zuhausesein.

Während das Wort Heimat immer auf so etwas wie Verwurzelung zielt, auf ein Gefühl von Behaustheit, das dem Einzelnen durch eine Gemeinschaft statt nur durch die notorisch provisorische und daher unzuverlässige Gesellschaft vermittelt wird, können Metropolen dem Individuum lediglich ein Zuhause bieten. Der Kiez, die Stadtkommune, die Clique und andere Formen von Gemeinschaft in der Großstadt, wie sie sich in den zwanziger Jahren in Berlin in den Bohème-Zirkeln bereits zu entwickeln begannen, laufen darauf hinaus, innerhalb der Metropole die Metropole zu dementieren, ihr mit den Mitteln der Urbanität das Urbane auszutreiben.

Die Weimarer Republik, in der Szatmari sein Buch schrieb, war dadurch geprägt, dass der Konflikt zwischen Kosmopolitismus und Kommune, zwischen Urbanität und Gemeinschaft innerhalb der Metropole noch nicht entschieden war. Orte wie das Romanische Café, dem Szatmari ein eigenes Kapitel widmet, waren Ausdruck dieser Widersprüchlichkeit. Für Angehörige der Berliner Bohème wie Else Lasker-Schüler, die beinahe im Café wohnten, bildete es einen Gegenort zu allem, was sie an der Großstadt ablehnten, während doch zugleich das Verständnis von ästhetischer Avantgarde, das sie vertraten, Ausdruck von Urbanität und Kosmopolitismus war. Kleinbürger und Angestellte, die solche Cafés aufsuchten, um dort Bohème-Künstler und Halbweltmenschen wie exotische Zootiere zu beobachten, konnten umgekehrt an solchen Orten Erfahrungen machen, die in ihrem eingeschränkten Lebensalltag ansonsten kaum möglich waren.

Als emblematische Berlin-Figuren begegnen in Szatmaris Reiseführer darum auch nicht vermeintlich Autochthone wie der Kneipenwirt von nebenan oder der biertrinkende Arbeiter, die lediglich ihr Stadtviertel und eben deshalb nicht die Stadt verkörpern, sondern Figuren des Übergangs. Schon die ersten Absätze des Buches enthalten eine Physiognomie des Gepäckträgers als jenes Sozialcharakters, der anders als Schupo und Fremdenführer, anders also als die Vertreter einer in den Dienstleistungsbereich ausgreifenden Exekutive, die den Gast an die staatsbürgerliche Hand nehmen wollen, wirklich die Fähigkeit besitzt, ihn in die einstweilen fremde Stadt hineinzuführen. Brav und freundlich, dienstbeflissen und zugewandt, verkörpern solche Figuren die widersprüchliche Einheit von Anonymität und Bodenständigkeit, Fremdheit und Vertrautheit: Obwohl es sie genauso in Paris am Gare de Lyon gibt, sind sie genuine Berliner, in ihnen erweist sich das Anonyme, Zufällige als das Authentische und Exemplarische.

Im Folgenden interessiert sich Szatmari immer wieder für diesen Zusammenklang von Provinzialismus und Kosmopolitismus, er bildet sogar das Leitmotiv seines Reiseführers. In seinem Überblick über Berliner Hotels pendelt Szatmari zwischen unerreichbarem Luxus und »kleinem Beutel« und zeigt die geographische und lebensweltliche Nähe zwischen Weltläufigkeit und Piefigkeit auf. Sein »Vormittagsspaziergang durch Berlin« umfasst Repräsentationsbauten und Berliner Hinterhöfe, Staatsministerien, Nationaldenkmäler und das Kaufhaus Wertheim gleichermaßen; gastronomische Ratschläge gibt er sowohl aus der Perspektive des ortsfremden Osteuropäers, dem die Absonderlichkeiten der Berliner Hausmannskost erklärt werden müssen, wie aus der Sicht des Berliner Kleinbürgers, der einmal im Jahr am Ku'damm schlemmen geht. Die Unterschiede und Widersprüche zwischen den verschiedenen gesellschaftlichen Klassen und ihren Erfahrungsweisen werden nicht harmonisiert; doch es bleibt zumindest die Hoffnung darauf bewahrt, dass in dem großstädtischen Kuddelmuddel, als das Berlin vorgestellt wird, die Verwirklichung von Gleichheit und Freiheit irgendwie vorweggenommen sein könnte.

Zahlreiche Orte und Etablissements, die bei Lasker-Schüler, Döblin oder Keun als Berlin-Embleme auftauchen, finden sich bei Szatmari wieder, der Übersichtlichkeit halber meistens in Versalien gesetzt: der Alexanderplatz und das Romanische Café, das Café Josty und der Tauentzien sowie die repräsentativen Kinos der Stadt. Selbst die gelegentlich eingestreuten Zeichnungen revozieren Lasker-Schülers Vorliebe, zeitgenössische Prominenzen und Halbprominenzen freundlich-karikierend in ihre Bücher aufzunehmen – eine Vorliebe, die sie nicht selbst erfunden hat, sondern mit anderen Autoren der zehner und zwanziger Jahre wie Otto Julius Bierbaum und Franz Blei gemeinsam hatte.

Am greifbarsten sind die Korrespondenzen zwischen Lasker-Schülers Berlin-Buch und Szatmaris Reiseführer in dessen Kapitel über das Romanische Café, in dem zwar nicht Lasker-Schüler selbst vorkommt, aber fast alle Protagonisten, die auch *Mein Herz* bevölkern: Otto Dix und Max Slevogt, Max Hermann-Neiße und Kurt Pinthus, Ernst Rowohlt und Alfred Flechtheim; sogar der von Lasker-Schüler und im Kreis der Berliner Expressionisten verehrte Karl May wird erwähnt.

Es wäre aufschlussreich, Lasker-Schülers 15 Jahre ältere, fiktional überformte Porträts dieser Zeitgenossen mit Szatmaris Zufallseindrücken vom Romanischen Café zu konfrontieren. Dabei könnte deutlich werden, was die Weimarer Republik, für deren Publikum Szatmari sein Buch schrieb, mit dem späten Kaiserreich, in dem *Mein Herz* erschien, verband und beide zugleich voneinander trennte. In vielem bedeutete die Weimarer Republik, insbesondere in Berlin, die Einlösung von demokratischen Freiheitsversprechen, die im Kaiserreich eher als Wunschvorstellung vorhanden waren.

Die »kreisende Weltfabrik«, als die Lasker-Schüler Berlin beschrieben hat, existierte schon vor dem Ersten Weltkrieg, kam aber erst in der Phase der Demokratisierung und Egalisierung in den Zwanzigern wirklich zu sich selbst. Zugleich wurde Berlin, urbaner Motor dieser Egalisierung, in den späten Zwanzigern für deutsche Juden wie Lasker-Schüler ein zunehmend unangenehmer Ort. Gleichzeitig mit dem Protest gegen die Faschisierung der deutschen Gesellschaft nahm hier auch der Alltagsantisemitismus schon vor der Machtübertragung an die Nationalsozialisten drastische Formen an. Die urbane Freizügigkeit der Goldenen Zwanziger brachte als aggressiven Konterpart eine Freizügigkeit der Gewalt, von Denunziation und Diffamierung, hervor.

Nachdem sie auf offener Straße von einer Bande jugendlicher Alltagsnazis beleidigt und zusammengeschlagen worden war, verließ Else Lasker-Schüler Berlin im Alter von 64 Jahren über Nacht und fluchtartig in Richtung Zürich, von wo aus sie wegen der Nichtverlängerung ihres Visums später nach Jerusalem emigrierte. Dort starb sie 1945, ohne den alliierten Sieg über Deutschland noch erlebt zu haben. Eugen Szatmari ging

1934 nach Ungarn zurück und arbeitete weiter als Journalist, bis er 1950 aus politischen Gründen verhaftet wurde. 1952 ist er im Gefängnis gestorben.

III.

Die bei Piper erschienene Reihe mit Reiseführern, die mit Szatmaris Berlin-Buch begann, dokumentiert einen Kosmopolitismus, der von der gegenwärtigen Reiseführer-Literatur bestenfalls noch unfreiwillig parodiert wird. Wer in der Gegenwart Reiseführer verfasst, ist ein Profi, sei es als haupt- oder freiberuflicher Reisejournalist, sei es als approbierter Abenteuerurlauber, der sein Hobby dem Publikum als therapeutisches Coaching-Programm empfiehlt. Die Reiseführer der zwanziger Jahre dagegen sind Zeugnisse einer Epoche, in der es innerhalb der gesellschaftlich gesetzten Grenzen tatsächlich so etwas wie ein verwirklichtes Weltbürgertum gegeben hat, dessen Vertreter sich mit ihren Veröffentlichungen nicht nur an ihresgleichen, sondern an alle Menschen wandten.

Unter den Autoren und den potenziellen Adressaten waren Osteuropäer in Westeuropa, Österreicher in Deutschland, europäisierte Amerikaner und amerikanisierte Deutsche; durchweg aber Menschen, denen Mobilität, internationaler Austausch, sprachliche und habituelle Weltläufigkeit selbstverständlich waren, ohne dass sie sich jemals darüber hinweggetäuscht hätten, dass diese Weltläufigkeit im Besonderen – in der Verbindung des Allgemeinen mit dem individuellen, durch Nationalstaat und Sprache vermittelten eigenen Blick – ihren Ausgangspunkt hatte. Für Szatmari galt das ebenso wie für Ludwig Hirschfeld, der danach für die Piper-Reihe seinen Reiseführer über Wien schrieb. Ihren Ausdruck fand die

Verbindung zwischen Individualität und Allgemeinheit, subjektiver Erfahrung und Objektivität, durch die sich diese Reiseführer vom üblichen Baedeker-Stil unterschieden, in der Nennung des Autorennamens auf der Titelseite, durch die bewusst gehalten wurde, dass es ein Einzelner war, der hier der Allgemeinheit etwas Allgemeines nahezubringen suchte.

Dass der Autorenname aus heutigen Reiseführen verschwunden ist oder lediglich den Charakter eines Urheberrechtsnachweises hat, während die von Einzelautoren verantworteten Beiträge zu den Reiseblättern der Tageszeitungen jene als bloße Sparte des Feuilletons ausweisen, macht anschaulich, in welchem Maß die alten Reiseführer Vergangenheit geworden sind. Deshalb wirken sie, die Gebrauchstexte waren, auf den retrospektiven Blick ähnlich wie die bunten Plakate an den U-Bahnwänden, die für Lasker-Schüler ihrer Banalität zum Trotz im Kontrast zum verkalkten Alltag das lachende Leben bedeuteten.

SACHREGISTER

PERSONENREGISTER

ILLUSTRATIONEN

BEREITS ERSCHIENEN

Ludwig Hirschfeld
WIEN

Was nicht im Baedeker steht

Im Jahr 1927 erschien in der Buchreihe *Was nicht im Baedeker steht* ein köstlicher Wien-Reiseführer. Autor Ludwig Hirschfeld, der bereits in Karl Kraus' *Die letzten Tage der Menschheit* Erwähnung findet, beschreibt in sehr launigem Stil seine Stadt. In 19 Kapiteln wird uns das alte Wien nähergebracht: Essen und Trinken, die angesagtesten Lokale, Kunst & Kultur, die Parks, das Burgtheater, die Nacktrevuen und noch viel mehr. Aber Hirschfeld hat auch damals schon Veränderungen zu beklagen: Die Bankenhäuser verdrängen die Kaffeehäuser. Die Wiener trinken fast kein Bier mehr! Es gibt viel zu schmunzeln für den heutigen Leser.

Apropos, wussten Sie:

... Dass Frauen ohne männliche Begleitung aus Schicklichkeitsgründen im Sacher nicht bedient wurden?

... Was ein Schnitzel mit Charlestongarnierung ist?

... der Ober im Kaffeehaus „Zahlmarkör" genannt wurde?

... dass in den meisten großen Lokalen Salonkapellen oder Jazzbands spielten?

Über Wien kann man nur unpathetisch schreiben, mit einem lächelnden und einem nörgelnden Auge. Auch auf diese Weise kann man von einer Stadt begeistert und in die verliebt sein. Und vielleicht ist es nicht einmal die schlechteste Art. Wer wirklich liebt, singt keine Liebeslieder.

ISBN 978-3-903184-57-2

Umschlag: Boutique Brutal, boutiquebrutal.com
Umschlagzeichnung im Original: Walter Trier
Illustrationen: Rudolf Großmann, Erich Godal, Benedikt Fred Dolbin, Alois Derso, Conrad »Conny« Neubauer, Adalbert Sipos, Heinrich Zille
Druck und Bindung: finidr.cz

www.milena-verlag.at
ISBN 978-3-903184-66-4